원리로 이해하고 그림으로 기억해요!

쑥쑥
급수한자

7급

한자 공부는 왜 하는 거예요?

1. 우리 말은 70% 이상이 한자어로 만들어져 있어요. 그래서 한자를 알면 친구들이 우리 말의 뜻을 더 쉽게 이해할 수 있어요.

2. 한자는 좌뇌와 우뇌를 동시에 자극해서 머리가 똑똑해지고 낱말의 의미를 잘 이해할 수 있어서 수학, 사회, 과학의 개념 학습에도 도움이 되어요.

3. 한글 창제 이전에 한자로 적힌 기록을 이해할 수 있어요.

4. 제2외국어로 중국어나 일본어를 학습할 때 도움이 되어요.

한자는 어떻게 구성되어 있어요?

한자는 한 글자 한 글자마다 형(形), 음(音), 의(義)가 있어요.

형(形) 한자가 가지고 있는 자체의 모양

음(音) 한자마다 구별할 수 있는 한자를 읽는 소리

의(義) 한자가 가지고 있는 뜻을 의미, 훈(訓)이라고 부르기도 해요.

부수는 무엇인가요?

부수는 뜻으로 나누어진 한자의 무리에서 뜻을 대표하는 글자예요. 한자의 뜻은 부수와 관련이 있어서 부수를 알면 한자를 쉽게 이해할 수 있어요. 사전을 찾을 때도 부수를 알면 쉽게 한자를 찾을 수 있어요. 일반적으로 214개의 부수로 분류하여 사용하고 있어요. 부수는 위치마다 여러 가지 이름으로 불리우니까 친구들도 한번 살펴보세요.

① 변　　② 방　　③ 머리　　④ 발

⑤ 받침　　⑥ 엄호　　⑦ 몸　　⑧ 제부수

한자는 어떻게 써야 하나요?

한자를 보면 그림처럼 보이기도 하고 어떻게 써야 할지 어렵게 보일 수 있어요. 규칙에 맞게 붓으로 한자의 획을 쓰는 순서를 필순이라고 해요. 기본적인 한자 쓰는 순서를 익혀보아요.

1. 위에서 아래로 써요.

2. 왼쪽에서 오른쪽으로 써요.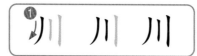

3. 가로획을 먼저 쓰고 세로획을 써요.

4. 왼쪽과 오른쪽의 모양이 같으면 가운데를 먼저 써요.

5. 바깥쪽을 먼저 쓰고 안쪽을 나중에 써요.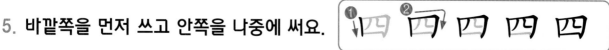

6. 삐침을 먼저 쓰고 파임을 나중에 써요.

7. 글자 전체를 위에서 아래로 꿰뚫는 획은 나중에 써요. 申 申 申 申 申

8. 받침은 나중에 써요. 道 道 道 道 道 道 道 道 道 道 道 道

9. 오른쪽 위의 점은 마지막에 찍어요. 代 代 代 代 代

차례

이 책의 구성

세계 명작 동화

단계별로 주제와 어울리는 한자를 모았어요.

배울 한자를 제시하였어요.

문장 힌트를 읽고 그림 속에서 숨은 한자 찾아보아요.

어떤 이야기장면 인지 설명이 들어 있어요.

하루에 두 글자씩 한자를 익혀요

그림과 설명으로 한자의 원리를 재미있게 익혀요.

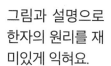

中

중국 간체자와 병음, 한글 발음을 함께 표기하였어요.

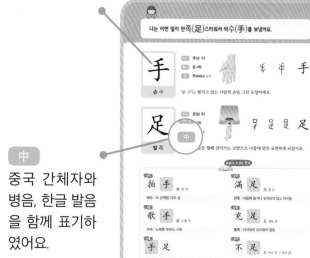

획순을 따라 바르게 써보아요.

신나는 연습문제로 그날 배운 한자들을 확인해보아요.

연습문제

배운 한자들을 재미있는 퀴즈와 문제로 풀어보며 실력을 확인해요.

각 단계에서 배우는 한자를 표시해요.

훈과 음 바르게 읽기, 관련 있는 한자어 고르기 등 다양한 문제가 들어있어요.
자기주도학습으로 혼자 할 수 있어요.

기출·예상문제

한국어문회와 한자교육진흥회에서 시행하는 한자자격시험에 대비해요.

기출문제 유형으로 예상문제들을 풀어보아요.

정답은 부록에 모두 들어 있어요.

확인문제와 연습문제, 기출예상문제로
총 3회 이상 반복하여 복습할 수 있어요.

커져버린 몸과 마음

걸리버는 **손手**과 **발足**이 묶여 옴짝달싹할 수 없어요.

작은 사람이 배 위에서 부하들에게 **명령命**을 해요.

간신히 **입口**을 벌려서 살려 달라고 했지만, 말이 통하지 않아요.

어떻게 풀려날 수 있을까요? **마음心** 속으로 곰곰이 생각 중이에요.

문장 힌트를 읽고 그림 속에 숨은 한자를 찾아봅시다.

手 足 口 心 食 氣 活 命 力 便 空

병든 친구를 **살活**리려고 맛있는 음식을 들고 온 휴이넘!
힘力껏 우물물을 퍼 올렸지만 **빈空** 바가지에 실망한 휴이넘!
혼이 나서 **기운氣** 빠진 휴이넘과 길에서 **똥便**을 싸버린 아기 휴이넘!
밥食 먹으며 대화하는 휴이넘! 말들이 사는 모습이 우리와 정말 많이 닮았지요?

"걸리버 여행기"는 영국 작가 조나단 스위프트의 소설이에요. 걸리버가 항해 중에 난파하여, 소인국, 대인국, 하늘을 나는 섬나라, 말의 나라 등으로 표류해 다니면서 신기한 경험을 한다는 이야기예요. 작가는 이 소설을 통해서 당시 영국의 정치와 사회의 부패를 비판했어요.

나는 이번 일이 만족(足)스러워서 박수(手)를 보냈어요.

손 수

부수 : 手(손 수)

획수 : 총 4획

中 : 手(shǒu) 쇼우*

'손 수'는 펼치고 있는 사람의 손을 그린 모양이에요.

발 족

부수 : 足(발 족)

획수 : 총 7획

中 : 足(zú) 주

'발 족'은 성을 향해 걸어가는 모양으로 나중에 발을 표현하게 되었어요.

교과서 속 숨은 한자

국어

拍 　拍 칠 박

박수 : 두 손뼉을 마주 침

가을

歌 　歌 노래 가

가수 : 노래를 부르는 사람

가을

수족 : 손과 발, 손발처럼 마음대로 부리는 사람

국어

滿 　滿 찰 만

만족 : 마음에 들거나 모자라지 않고 넉넉함

수학

充 　充 채울 충

충족 : 넉넉하여 모자람이 없음

국어

不 　不 아닐 불/부

* '不'은 'ㄷ', 'ㅈ' 앞에서 '부'로 읽어요.

부족 : 충분하지 않고 모자람

쓰는 순서에 맞게 예쁘게 따라 쓰세요.

총 4획　手 手 手 手

手	手	手				
손 수						

총 7획　足 足 足 足 足 足 足

足	足	足				
발 족						

 알맞은 짝을 찾아 선으로 이으세요.

손 수　•　　　•　足　•　　　•　

발 족　•　　　•　手　•　　　•　

 다음 밑줄 친 단어의 한자를 찾아 번호를 쓰세요.

보기　　❶歌手　　❷滿足　　❸不足　　❹拍手

01　피아노 연주가 끝나자 사람들은 아낌없는 **박수**를 보냈습니다.　→

02　이번 수학시험 결과가 나는 매우 **만족**스러웠습니다.　→

03　민정이의 꿈은 **가수**입니다.　→

04　잘못된 식사와 운동 **부족**으로 살이 많이 쪘습니다.　→

手足口心食氣活命力便空

인내심(心)을 가지고 출입구(口)를 찾았어요.

口

입 구

부수	口(입 구)
획수	총 3획
中	口(kǒu) 코우

'입 구'는 벌리고 있는 입을 그린 모양으로 입구라는 의미도 가지고 있어요.

心

마음 심

부수	心(마음 심)
획수	총 4획
中	心(xīn) 신

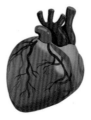 

'마음 심'은 심장을 간결하게 그린 모양으로, 사람의 감정이나 중심이라는 의미도 가지고 있어요.

교과서 속 숨은 한자

국어

人

人 사람 인

인구 : 한 곳에 사는 사람의 수

여름

食

食 밥 식

식구 : 한 집에 모여 같이 밥을 먹는 사람

안전

出 入

出 날 출
入 들 입

출입구 : 나갔다가 들어왔다가 하는 어귀나 문

봄

忍 耐

忍 참을 인
耐 견딜 내

인내심 : 괴로움이나 고통을 참고 견디는 마음

국어

安

安 편안 안

안심 : 마음을 편하게 가짐

국어

關

關 관계할 관

관심 : 어떤 것에 마음이 끌려 주의를 기울임

 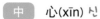

1

手
足
口
心
食
氣
活
命
力
便
空

 쓰는 순서에 맞게 예쁘게 따라 쓰세요.

총 3획 口 口 口

口	口	口				
입 구						

총 4획 心 心 心 心

心	心	心				
마음 심						

 다음 한자의 훈(뜻)과 음(소리)을 쓰세요.

口   훈 _____ 음 _____

心   훈 _____ 음 _____

 다음 밑줄 친 한자의 음을 찾아 번호를 쓰세요.

보기   ❶ 인내심   ❷ 관심   ❸ 식구   ❹ 인구

01 아이들에게는 세심한 關心이 필요합니다.   ⟶

02 최선을 다했으니 忍耐心을 갖고 결과를 기다려 봅시다.   ⟶

03 현주네 食口들은 혈액형이 모두 같습니다.   ⟶

04 우리나라 人口는 오천만이 넘습니다.   ⟶

그 식(食)당이 인기(氣)가 많아요.

食

밥 식

부수	食(밥 식)
획수	총 9획
中	食(shí) 스*

'밥 식'은 음식을 담는 용기를 그린 모양으로, 먹는다 혹은 음식이라는 의미를 가지고 있어요.

氣

기운 기

부수	气(기운 기 엄)
획수	총 10획
中	气(qì) 치

'기운 기'는 밥 지을 때 나는 연기를 그린 모양이에요.

교과서 속 숨은 한자

안전

給 食 室
給 줄 급
室 집 실

급식실 : 학교에서 식사를 주기 위해 마련된 방

가을

外 食
外 바깥 외

외식 : 밖에서 밥을 사 먹음

가을

食 堂
堂 집 당

식당 : 음식을 만들어서 파는 가게

과학

氣 候
候 기후 후

기후 : 기온, 바람, 비, 눈 따위의 대기 상태

겨울

感 氣
感 느낄 감

감기 : 코가 막히고 열이 나는 병

가을

日 氣
日 날 일

일기 : 날씨

쓰는 순서에 맞게 예쁘게 따라 쓰세요.

총 9획 食 食 食 食 食 食 食 食 食

食	食	食				
밥 식						

총 10획 氣 氣 氣 氣 氣 氣 氣 氣 氣 氣

氣	氣	氣				
기운 기						

 다음 그림의 알맞은 한자를 찾아 ○표 하세요.

  食 氣    食 氣

 다음 밑줄 친 단어의 한자를 찾아 번호를 쓰세요.

보기   ❶給食室   ❷感氣   ❸日氣   ❹外食

01 큰언니의 졸업식이 끝나고 우리 가족은 모처럼 **외식**을 했습니다. ➡

02 점심시간을 알리는 종이 울리자 우리는 **급식실**로 뛰어갔습니다. ➡

03 이불을 덮지 않고 잤더니 **감기**에 걸렸나 봅니다. ➡

04 비가 온다던 **일기**예보와 달리 날이 너무 좋았습니다. ➡

활(活)발한 성격의 그녀와 운명(命)적으로 만났어요.

살 활

부수	氵(삼수변 수)
획수	총 9획
中	活(huó) 후어

'살 활'은 물이 원활하게 흐르는 모양으로 몸 속의 피가 원활하여 살아있다는 의미를 가지고 있어요.

목숨 명

부수	口(입 구)
획수	총 8획
中	命(mìng) 밍

'목숨 명'은 대궐에 앉아서 명령을 내리고 있는 사람을 그린 모양이에요.

교과서 속 숨은 한자

안전

活 動
動 움직일 동

활동 : 몸을 움직여 행동함

수학

活 用
用 쓸 용

활용 : 충분히 잘 이용함

봄

生 活
生 날 생

생활 : 사람이나 동물이 움직여 살아감

과학

人 命
人 사람 인

인명 : 사람의 목숨

국어

運 命
運 옮길 운

운명 : 이미 정해져 있는 목숨이나 처지

국어

命 中
中 가운데 중

명중 : 화살이나 총알이 겨냥한 곳에 딱 맞음

쓰는 순서에 맞게 예쁘게 따라 쓰세요.

총 9획 活 活 活 活 活 活 活 活 活

活	活	活				
살 활						

총 8획 命 命 命 命 命 命 命 命

命	命	命				
목숨 명						

다음 한자에 해당하는 음(소리)을 찾아 ○표 하세요.

活   활 ┊ 명   命   활 ┊ 명

다음 밑줄 친 한자의 음을 찾아 번호를 쓰세요.

보기   ❶ 운명   ❷ 명중   ❸ 활동   ❹ 활용

01 공간을 <u>活用</u>하여 가구를 잘 배치하면 집이 넓어 보입니다. ⟶ [ ]

02 뜻밖의 일이 한 사람의 <u>運命</u>을 뒤바꿀 수도 있습니다. ⟶ [ ]

03 선수가 쏜 화살은 과녁의 한가운데에 <u>命中</u>했습니다. ⟶ [ ]

04 태희는 이번 봉사 <u>活動</u>을 통해 큰 보람을 느꼈습니다. ⟶ [ ]

전력(力)을 다해 뛰어가서 변(便)기 위에 앉았어요.

力

힘 력

부수	力(힘 력)
획수	총 2획
中	力(lì) 리

'힘 력'은 밭을 가는 농기구를 그린 모양으로 나중에 힘을 표현하게 되었어요.

便

편할 편 / 똥오줌 변

부수	亻(사람인 변)
획수	총 9획
中	便(biàn) 비앤

'편할 편'은 사람이 불편한 것을 채찍을 들어 바로 잡아 편리하게 만든다는 의미예요.

교과서 속 숨은 한자

수학

能 力　能 능할 능

능력 : 일을 감당해 내는 힘

국어

全 力　全 온전 전

전력 : 모든 힘

국어

努 力　努 힘쓸 노

노력 : 몸과 마음을 다하여 애를 씀

국어

不 便　不 아닐 불/부

불편 : 어떤 것을 사용하기가 거북하고 괴로움

국어

便 紙　紙 종이 지

편지 : 하고 싶은 말을 써서 보내는 글

국어

便 器　器 그릇 기

변기 : 똥이나 오줌을 누는 통

手足口心食氣活命力便空

쓰는 순서에 맞게 예쁘게 따라 쓰세요.

총2획	力 力						
力	力	力					
힘 력							

총9획	便 便 便 便 便 便 便 便 便						
便	便	便					
편할 편/똥오줌 변							

알맞은 짝을 찾아 선으로 이으세요.

便 •

• 편할 편 •

• 힘 력 •

• 똥오줌 변 •

• 力

다음 밑줄 친 단어의 한자를 찾아 번호를 쓰세요.

보기 　　❶ 不便　　❷ 努力　　❸ 便紙　　❹ 全力

01 엄마의 생신 때 선물과 함께 감사**편지**를 써서 드렸습니다.　　⟶ ⬚

02 몸에 꽉 끼는 옷은 활동하기에 **불편**합니다.　　⟶ ⬚

03 **노력**한 만큼 대가를 얻는 법입니다.　　⟶ ⬚

04 선수들은 **전력**을 다해서 뛰었습니다.　　⟶ ⬚

하늘을 날며 우리 나라를 지키는 군인을 공(空)군이라고 해요.

空

빌 공

부수	穴(구멍 혈)
획수	총 8획
中	空(kōng) 콩

'빌 공'은 도구를 사용해 구멍을 만드는 것을 그린 모양이에요.

무주공산 無 主 空 山
없을 무　임금 주　빌 공　메 산

＊임자가 없는 빈 산

교과서 속 숨은 한자

 과학

空 想
想 생각 상

공상 : 현실적이지 못한 것을 막연히 그림

 겨울

空 氣
氣 기운 기

공기 : 지구를 둘러싸고 있는 여러 기체

 국어

空 冊
冊 책 책

공책 : 빈 종이를 여러 장 묶어 놓은 책

하늘을 날며 우리 나라를 지키는 군인을 공(空)군 이라고 해요.

쓰는 순서에 맞게 예쁘게 따라 쓰세요.

총 8획 　空 空 空 空 空 空 空 空

空	空	空			
빌 공					

1

手
足
口
心
食
氣
活
命
力
便
空

 다음 한자의 훈(뜻)과 음(소리)을 쓰세요.

空 → 훈 _____ 음 _____

 다음 한자에 해당하는 그림과 음을 찾아 연결하세요.

空

·　공

·　명

 다음 밑줄 친 한자의 음을 찾아 번호를 쓰세요.

보기　　　❶ 공상　　　❷ 공기　　　❸ 공책

01 초등학교 입학을 위해 <u>空冊</u>과 필통 등 학용품을 구매하였습니다. →

02 우주를 여행하는 <u>空想</u>과학 영화가 요즘 인기입니다. →

03 새벽 <u>空氣</u>가 제법 쌀쌀합니다. →

1 다음 그림을 보고 알맞은 한자를 찾아 연결하세요.

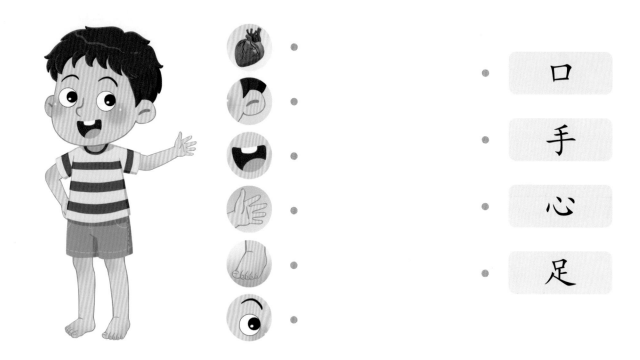

口

手

心

足

2 다음 한자 어원과 관련 있는 글자를 찾아 연결하세요.

口　　力　　足　　心　　食

3 걸리버의 몸을 묶은 밧줄 중 풀려 있는 밧줄의 한자를 찾아 빈칸에 쓰세요.

4 다음 한자어와 관련 있는 글자를 찾아 연결하세요.

1 다음 밑줄 친 한자어의 음(소리)을 쓰세요.

01 새벽 空氣가 제법 쌀쌀합니다.

02 이 마을은 우물물을 食水로 사용합니다.

03 그는 화살을 과녁에 정확히 命中시켰습니다.

2 다음 한자의 훈(뜻)과 음(소리)을 쓰세요.

01 心 훈_____ 음____

02 手 훈_____ 음____

03 氣 훈_____ 음____

04 力 훈_____ 음____

3 다음 훈(뜻)과 음(소리)에 맞는 한자를 보기에서 골라 번호를 쓰세요.

보기 ❶活 ❷便 ❸室 ❹四 ❺空 ❻口

01 빌 공 ☐   02 편할 편 ☐

03 살 활 ☐   04 입 구 ☐

4 다음 뜻에 맞는 한자어를 보기에서 골라 번호를 쓰세요.

보기 ❶心氣 ❷三寸 ❸食口 ❹活力

01 살아 움직이는 힘 ☐

02 마음으로 느끼는 기분 ☐

5 다음 한자의 상대(반대)되는 한자를 보기에서 골라 번호를 쓰세요.

보기 ❶足 ❷命 ❸兄 ❹心

01 手 ↔ ☐

02 ☐ ↔ 身 몸 신[6급]

6 다음 한자의 진하게 표시한 획은 몇 번째 쓰는지 보기에서 찾아 그 번호를 쓰세요.

보기 ❶첫 번째 ❷두 번째 ❸세 번째 ❹네 번째 ❺다섯 번째 ❻여섯 번째 ❼일곱 번째 ❽여덟 번째 ❾아홉 번째 ❿열 번째

01 空 ☐   02 便 ☐

1 ▓ 안의 한자의 음(소리)으로 알맞은 것을 찾아 번호를 쓰세요.

01 心 ☐
① 수   ② 심   ③ 식   ④ 선

02 便 ☐
① 편   ② 활   ③ 구   ④ 형

2 안의 음(소리)에 맞는 한자를 찾아 번호를 쓰세요.

01 명 ☐
① 食   ② 命   ③ 空   ④ 先

02 력 ☐
① 口   ② 九   ③ 足   ④ 力

3 ▓ 안의 한자어를 바르게 읽은 것을 찾아 번호를 쓰세요.

01 혜영이는 말솜씨가 좋고 **活氣** 차서 인기가 많습니다. ☐
① 활력   ② 공기   ③ 심기   ④ 활기

02 오랜만에 온 **食口** 가 한자리에 모였습니다. ☐
① 식구   ② 수족   ③ 입구   ④ 출구

4 안의 뜻을 가진 한자를 [보기] 에서 찾아 번호를 쓰세요.

[보기] ① 足   ② 空   ③ 室   ④ 兄

01 맑은 계곡물에 **발** 을 담갔습니다.
☐

02 가을걷이가 끝난 들판은 텅 **비어** 있었습니다. ☐

5 ▓ 에 들어갈 알맞은 한자를 [보기] 에서 찾아 번호를 쓰세요.

[보기] ① 氣   ② 弟   ③ 民   ④ 便

01 요즘 승민이의 얼굴에 **生** ▓ 가 넘칩니다. ☐

02 병원에서 **小** ▓ 검사를 했습니다.
☐

6 안의 한자어의 뜻을 찾아 번호를 쓰세요.

手足 ☐

① 보고 듣고 겪은 일
② 손발처럼 마음대로 부리는 사람
③ 어떤 일에 손을 대어 시작함
④ 모자람 없이 흐뭇함

시간으로의 여행

어린 왕자는 **매每**일 **낮午**에 별의 이곳저곳을 부지런히 청소해요.

해가 지고 **저녁夕**이 되면 따뜻한 차 한 잔을 마시며 쉬어요.

장미꽃이 춥다고 할 **때時**는 유리 덮개를 씌어 주어요.

앞前과 **뒤後**로 이웃해 있는 별에는 누가 살고 있을까요?

後

時

前

문장 힌트를 읽고 그림 속에 숨은 한자를 찾아봅시다.

| 時 | 間 | 春 | 秋 | 夏 | 冬 | 前 | 後 | 午 | 夕 | 每 |

봄春의 별에는 매일 가로등을 켜는 사람이, **여름夏**의 별에는 명령하기 좋아하는 왕이 살아요. **가을秋**의 별에는 술만 마시는 술꾼이, **겨울冬**의 별에는 칭찬 듣기만 좋아하는 사람이 살아요. 별들 **사이間**에 가장 큰 별, 지구에는 다양한 종류의 직업을 가진 수많은 사람들이 살아요.

"어린 왕자"는 프랑스 작가 생텍쥐페리의 동화예요. 비행기 고장으로 사막에 불시착한 주인공이 어떤 별에서 우주 여행을 온 어린 왕자와 만나면서 벌어지는 이야기예요. 인간이 고독을 극복하는 과정을 어린 왕자를 통해 상징적으로 표현하고 있어요.

시(時)계를 본 순간(間) 배가 고파졌어요.

때 시

부수 日(날 일)
획수 총 10획
中 时(shí) 스*

'때 시'는 해와 발을 그린 모양으로 시간이 흘러가다, 나아가다 라는 의미를 가지고 있어요.

사이 간

부수 門(문 문)
획수 총 12획
中 间(jiān) 지앤

'사이 간'은 문틈 사이로 달빛이 비치는 것을 그린 모양으로 사이라는 의미를 가지고 있어요.

교과서 속 숨은 한자

時 刻
刻 새길 각

시각 : 시간의 어느 한 순간

時 計
計 셀 계

시계 : 시간을 나타내는 기계

正 時
正 바를 정

정시 : 정해진 바로 그 시간

間 隔
隔 사이 뜰 격

간격 : 시, 공간적으로 벌어진 사이

間 食
食 밥 식

간식 : 밥 먹는 시간 사이에 먹는 음식

中 間
中 가운데 중

중간 : 두 사물의 가운데

쓰는 순서에 맞게 예쁘게 따라 쓰세요.

총 10획 時 時 時 時 時 時 時 時 時 時

時	時	時				
때 시						

총 12획 間 間 間 間 間 間 間 間 間 間 間 間

間	間	間				
사이 간						

알맞은 짝을 찾아 선으로 이으세요.

때 시　•　　　•　間　•　　　•

사이 간　•　　　•　時　•　　　•

다음 밑줄 친 한자의 음을 찾아 번호를 쓰세요.

보기　　　❶ 시계　　❷ 중간　　❸ 정시　　❹ 간식

01　열차는 <u>正時</u>에 출발합니다.　→　

02　서연이는 <u>間食</u>으로 군고구마를 먹었습니다.　→　

03　<u>時計</u>가 고장이 나서 친구와의 약속에 늦었습니다.　→　

04　재희는 이번 <u>中間</u>고사에서 성적이 많이 올랐습니다.　→

춘(春)분과 추(秋)분은 낮과 밤의 길이가 같아요.

봄 춘

부수	日(날 일)
획수	총 9획
中	春(chūn) 춘*

'봄 춘'은 햇살을 받아 돋아나는 새싹을 그린 모양이에요.

가을 추

부수	禾(벼 화)
획수	총 9획
中	秋(qiū) 치우

'가을 추'는 불에 구워지고 있는 메뚜기를 그린 모양이에요.

교과서 속 숨은 한자

국어

春 季 季 계절 계

춘계 : 봄철

봄

春 秋 秋 가을 추

춘추 : 봄과 가을, 어른의 나이를 높여 이르는 말

국어

青 春 青 푸를 청

청춘 : 젊은 시절

과학

立 秋 立 설 립

* '立(립)'은 단어 첫머리에 올 때 '입'으로 읽어요.

입추 : 24절기의 하나로 가을이 시작되는 날

국어

秋 收 收 거둘 수

추수 : 가을에 익은 곡식을 거두어들임

국어

仲 秋 節 仲 버금 중
節 마디 절

중추절 : 음력 8월 15일, 추석

쓰는 순서에 맞게 예쁘게 따라 쓰세요.

총9획	春 春 春 春 春 春 春 春 春					

春 / 春 / 春

봄 춘

총9획	秋 秋 秋 秋 秋 秋 秋 秋 秋					

秋 / 秋 / 秋

가을 추

다음 한자의 훈(뜻)과 음(소리)을 쓰세요.

春 훈 _____ 음 _____

秋 훈 _____ 음 _____

다음 밑줄 친 단어의 한자를 찾아 번호를 쓰세요.

보기 ❶青春 ❷秋收 ❸春季 ❹仲秋節

01 선수들은 올해 <u>춘계</u> 대회에서는 꼭 우승하리라 다짐했습니다. ⟶ ▢

02 나이는 들었지만 마음만은 아직 <u>청춘</u>입니다. ⟶ ▢

03 가을이 되면 집마다 <u>추수</u>한 쌀로 가득 찼습니다. ⟶ ▢

04 <u>중추절</u>은 우리 고유의 명절 중 하나입니다. ⟶ ▢

時間春秋夏冬前後午夕每

공부한 날 /

時間春秋夏冬前後午夕每

쓰는 순서에 맞게 예쁘게 따라 쓰세요.

총 9획 春 春 春 春 春 春 春 春 春

春 春 春

봄 춘

총 9획 秋 秋 秋 秋 秋 秋 秋 秋 秋

秋 秋 秋

가을 추

다음 한자의 훈(뜻)과 음(소리)을 쓰세요.

春 훈 ____ 음 ____

秋 훈 ____ 음 ____

다음 밑줄 친 단어의 한자를 찾아 번호를 쓰세요.

보기 ❶ 靑春   ❷ 秋收   ❸ 春季   ❹ 仲秋節

01 선수들은 올해 <u>춘계</u> 대회에서는 꼭 우승하리라 다짐했습니다. →

02 나이는 들었지만 마음만은 아직 <u>청춘</u>입니다. →

03 가을이 되면 집마다 <u>추수</u>한 쌀로 가득 찼습니다. →

04 <u>중추절</u>은 우리 고유의 명절 중 하나입니다. →

時間春秋夏冬前後午夕每

공부한 날

시간으로의 여행 31

하(夏)지는 낮이 가장 길고, 동(冬)지는 밤이 가장 길어요.

여름 하

부수	夊(천천히걸을쇠발)
획수	총 10획
中	夏(xià) 시아

'여름 하'는 머리와 손, 발을 갖춘 사람을 그린 모양으로 나중에 여름을 표현하게 되었어요.

겨울 동

부수	冫(이수변)
획수	총 5획
中	冬(dōng) 동

'겨울 동'은 양쪽 끝을 묶은 매듭을 그린 모양으로 끝, 마치다를 표현하다가 나중에 겨울을 표현하게 되었어요.

교과서 속 숨은 한자

국어

 夏 至   至 이를 지

하지 : 24절기 중 하나로 해가 가장 긴 날

안전

夏 季   季 계절 계

하계 : 여름철

여름

夏 服   服 옷 복

하복 : 여름에 입는 옷

국어

 立 冬   立 설 립

입동 : 24절기의 하나로 겨울이 시작된 날

국어

 冬 服   服 옷 복

동복 : 겨울에 입는 옷

봄

 冬 將 軍   將 장수 장
軍 군사 군

동장군 : 겨울장군, 아주 매서운 추위

쓰는 순서에 맞게 예쁘게 따라 쓰세요.

총 10획 夏 夏 夏 夏 夏 夏 夏 夏 夏 夏

夏	夏	夏				
여름 하						

총 5획 冬 冬 冬 冬 冬

冬	冬	冬				
겨울 동						

2

時 間 春 秋 夏 冬 前 後 午 夕 每

 다음 그림의 알맞은 한자를 찾아 ○표 하세요.

 다음 밑줄 친 한자의 음을 찾아 번호를 쓰세요.

보기　　　❶ 입동　　❷ 하계　　❸ 하지　　❹ 동장군

01 이번 여름에 민진이는 제주도로 <u>夏季</u> 연수를 가게 되었습니다.　➡ [　]

02 일년 중 낮이 가장 긴 날을 <u>夏至</u>라고 합니다.　➡ [　]

03 옛날의 가을은 입추부터 <u>立冬</u> 전날까지 석 달 동안입니다.　➡ [　]

04 한강이 꽁꽁 얼 정도로 <u>冬將軍</u>이 기승을 부리고 있습니다.　➡ [　]

전(前)진과 후(後)퇴를 반복해요.

前

앞 전

부수	刂(선 칼도방)
획수	총 9획
中	前(qián) 치엔

肖 肖 肖 前

'앞 전'은 배가 앞으로 나아가는 것을 표현하기 위해 배 앞에 발을 그린 모양으로 앞이라는 의미를 가지고 있어요.

後

뒤 후

부수	彳(두 인 변)
획수	총 9획
中	后(hòu) 호우

後 後 後 後

'뒤 후'는 족쇄에 묶인 발을 그린 모양으로 걸음을 걸을 때 뒤처질 수밖에 없으므로 뒤떨어지다, 뒤처지다라는 뜻에서 뒤를 표현하게 되었어요.

교과서 속 숨은 한자

사회

前 方　　方 모 방

전방 : 향하고 있는 방향과 일치하는 쪽

국어

直 前　　直 곧을 직

직전 : 바로 전

안전

午 前　　午 낮 오

오전 : 밤 열두 시부터 낮 열두 시까지의 동안

국어

食 後　　食 밥 식

식후 : 밥을 먹은 뒤

국어

後 孫　　孫 손자 손

후손 : 여러 세대가 지난 뒤의 자녀

사회

後 退　　退 물러날 퇴

후퇴 : 뒤로 물러남

쓰는 순서에 맞게 예쁘게 따라 쓰세요.

총 9획 前 前 前 前 前 前 前 前 前

前	前	前			
앞 전					

총 9획 後 後 後 後 後 後 後 後 後

後	後	後			
뒤 후					

다음 한자에 해당하는 음(소리)을 찾아 ○표 하세요.

 前 전 : 후

 後 전 : 후

다음 밑줄 친 단어의 한자를 찾아 번호를 쓰세요.

보기 ❶食後 ❷後退 ❸直前 ❹午前

01 너무 피곤해서 쓰러지기 **직전**입니다. →

02 하루 세 번 **식후** 30분에 약을 먹어야 합니다. →

03 두 걸음 전진을 위한 한 걸음 **후퇴**가 필요한 시점입니다. →

04 우리는 내일 **오전** 11시에 도서관에서 만나기로 했습니다. →

時 間 春 秋 夏 冬 前 後 午 夕 每

오늘의 석(夕)식이 무엇인지 오(午)후가 되어서야 알게 되었어요.

午

부수 十(열 십)
획수 총 4획
中 午(wǔ) 우

낮 오

'낮 오'는 절굿공이를 그린 모양으로 그림자의 방향과 길이로 시간을 알 수 있는 때인 낮이라는 의미를 가지고 있어요.

夕

부수 夕(저녁 석)
획수 총 3획
中 夕(xī) 시

저녁 석

'저녁 석'은 구름에 반쯤 가려진 달빛을 그린 모양으로 저녁이라는 의미를 가지고 있어요.

교과서 속 숨은 한자

 사회

甲 午 改 革

甲 갑옷 갑
改 고칠 개
革 가죽 혁

갑오개혁 : 고종시기에 일어난 개혁 운동

 수학

正 午

正 바를 정

정오 : 낮 열두 시

 안전

午 後

後 뒤 후

오후 : 낮 열두 시부터 해가 질 때까지

여름

夕 陽

陽 볕 양

석양 : 저녁의 지는 해

 여름

朝 夕

朝 아침 조

조석 : 아침과 저녁

 사회

秋 夕

秋 가을 추

추석 : 한가위, 음력 8월 15일

2

時 間 春 秋 夏 冬 前 後 午 夕 每

 쓰는 순서에 맞게 예쁘게 따라 쓰세요.

총 4획 午 午 午 午

午	午	午				
낮 오						

총 3획 夕 夕 夕

夕	夕	夕				
저녁 석						

 알맞은 짝을 찾아 선으로 이으세요.

午 ·

· 낮 오 ·

· 저녁 석 ·

· 夕

 다음 밑줄 친 한자의 음을 찾아 번호를 쓰세요.

보기   ❶ 추석   ❷ 갑오개혁   ❸ 석양   ❹ 오후

01 시곗바늘이 이미 午後 다섯 시를 가리키고 있습니다.   → [ ]

02 秋夕이 되면 항상 온 가족이 성묘를 갔습니다.   → [ ]

03 甲午改革 이후 노비제도가 폐지되었습니다.   → [ ]

04 유민이는 정원에서 의자에 앉아 가만히 夕陽을 바라보았습니다.   → [ ]

나는 엄마에게 **매(每)**일 사랑한다고 말해요.

매양 매

부수	毋(말 무)
획수	총 7획
中	每(měi) 메이

'매양 매'는 머리에 비녀를 꽂은 여성의 모습으로 어머니의 마음처럼 한결같음, 늘, 항상이라는 의미를 표현해요.

매사진선 每 事 盡 善
매양 매　일 사　다할 진　착할 선

＊모든 일에 최선을 다함.

교과서 속 숨은 한자

국어

每 日
日 날 일

매일 : 날마다

가을

每 年
年 해 년

매년 : 해마다

국어

每 事
事 일 사

매사 : 일마다

나는 엄마에게 매(每)일 사랑한다고 말해요

쓰는 순서에 맞게 예쁘게 따라 쓰세요.

총7획 每 每 每 每 每 每 每

每	每	每				
매양 매						

2

時間春秋夏冬前後午夕每

 다음 한자의 훈(뜻)과 음(소리)을 쓰세요.

훈 _____ 음 _____

 다음 한자에 해당하는 그림과 음을 찾아 연결하세요.

석

매

 다음 밑줄 친 단어의 한자를 찾아 번호를 쓰세요.

보기   ❶ 每事   ❷ 每年   ❸ 每日

01 삼촌은 <u>매일</u> 아침 일찍 일어나 운동을 합니다. →

02 지현이는 <u>매사</u>에 성실하고 근면합니다. →

03 지구의 기온이 <u>매년</u> 조금씩 상승하고 있습니다. →

1 다음 한자의 반대되는 글자를 찾아 선으로 이으세요.

2 다음 한자 어원과 관련 있는 글자를 찾아 연결하세요.

3 춘하추동 순으로 길을 따라가며 미로를 탈출하세요.

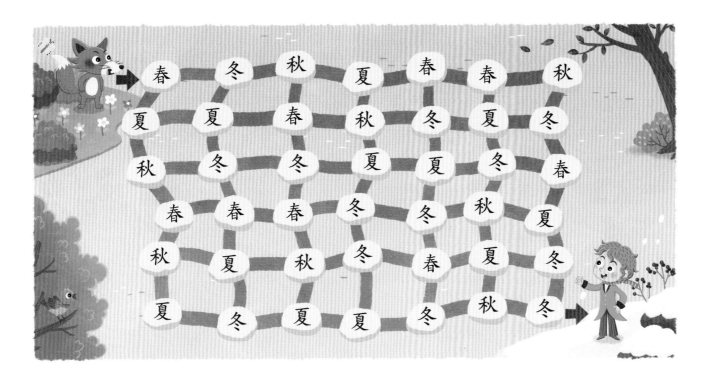

4 다음 한자어와 관련 있는 글자를 찾아 선을 이으세요.

매 사   후 손   석 양   간 격

夕   每   間   後

1 다음 밑줄 친 한자어의 음(소리)을 쓰세요.

01 나는 <u>每日</u> 아침 운동을 합니다.

02 오늘 3<u>校時</u> 수업은 국어입니다.

03 <u>靑春</u>은 인생에서 가장 아름다운 시절입니다.

2 다음 한자의 훈(뜻)과 음(소리)을 쓰세요.

01 間 훈_____ 음____

02 夕 훈_____ 음____

03 後 훈_____ 음____

04 冬 훈_____ 음____

3 다음 훈(뜻)과 음(소리)에 맞는 한자를 보기 에서 골라 번호를 쓰세요.

보기 ❶ 每 ❷ 秋 ❸ 母 ❹ 前 ❺ 午 ❻ 夏

01 낮 오 [ ]　　02 가을 추 [ ]

03 앞 전 [ ]　　04 매양 매 [ ]

4 다음 뜻에 맞는 한자어를 보기 에서 골라 번호를 쓰세요.

보기 ❶ 秋冬　❷ 午前　❸ 午後　❹ 春秋

01 밤 열두 시부터 낮 열두 시까지의 동안 [ ]

02 어른의 나이를 높여 이르는 말 [ ]

5 다음 한자의 상대(반대)되는 한자를 보기 에서 골라 번호를 쓰세요.

보기 ❶ 冬　❷ 王　❸ 後　❹ 春

01 前 ⟷ [ ]

02 夏 ⟷ [ ]

6 다음 한자의 진하게 표시한 획은 몇 번째 쓰는지 보기 에서 찾아 그 번호를 쓰세요.

보기 ❶ 첫 번째　❷ 두 번째　❸ 세 번째　❹ 네 번째　❺ 다섯 번째　❻ 여섯 번째　❼ 일곱 번째　❽ 여덟 번째　❾ 아홉 번째　❿ 열 번째

01 每 [ ]　　02 午 [ ]

1 ▨ 안의 한자의 음(소리)으로 알맞은 것을 찾아 번호를 쓰세요.

01 夏 ▢
　❶전　❷하　❸추　❹춘

02 間 ▢
　❶매　❷문　❸시　❹간

2 ▨ 안의 음(소리)에 맞는 한자를 찾아 번호를 쓰세요.

01 후 ▢
　❶前　❷王　❸後　❹春

02 시 ▢
　❶午　❷時　❸夕　❹冬

3 ▨ 안의 한자어를 바르게 읽은 것을 찾아 번호를 쓰세요.

01 지구의 기온이 **每年** 조금씩 상승하고 있습니다. ▢
　❶매월　❷시간　❸매년　❹학년

02 할아버지께서 **生前** 에 하신 말씀이 생각납니다. ▢
　❶생전　❷선조　❸실전　❹오전

4 ▨ 안의 뜻을 가진 한자를 [보기] 에서 찾아 번호를 쓰세요.

[보기]　❶冬　❷秋　❸午　❹夕

01 오늘은 늦었으니 내일 **낮** 에 말씀드리겠습니다. ▢

02 이번 **겨울** 은 유난히 춥습니다. ▢

5 ▨ 에 들어갈 알맞은 한자를 [보기] 에서 찾아 번호를 쓰세요.

[보기]　❶春　❷夏　❸秋　❹冬

01 음력 8월 15일은 ▨夕 명절입니다. ▢

02 ▨秋 는 어른의 나이를 높여 부르는 말입니다. ▢

6 ▨ 안의 한자어의 뜻을 찾아 번호를 쓰세요.

民間 ～～～ ▢
❶ 사람들이 물어보는 것
❷ 일반 백성들 사이
❸ 사람들 사이에 내려오는 풍속
❹ 실제로 체험하는 느낌

마법에 걸린 자연

문장 힌트를 읽고 그림 속에 숨은 한자를 찾아봅시다.

天 地 自 然 林 草 植 花 江 海 川

林

草

然

自

花

짐이 헛간에서 스스로自 탈출해 보려고 하지만 방법을 찾지 못했어요.

허크와 톰은 땅을 파고 들어가 짐과 함께 숲林 쪽으로 내달렸어요.

숲길 옆으로 신기한 풀草과 꽃花들이 가득하지만 눈에 들어오질 않아요.

어린 친구들이 그런然 기발한 탈출 방법을 생각해 내다니 정말 대단하지 않나요?

허크 일행은 돛이 **하늘天** 높이 달린 뗏목에 몸을 싣고 출발했어요.
작은 **시내川**를 따라 내려가다 보면 넓은 미시시피 **강江**이 나와요.
강을 지나 **바다海**에 도착하면 인디언 마을로 가는 증기선을 탈 거예요.
인디언들의 **땅地**에는 신기하고 다양한 모양의 선인장이 많이 **심어植**져 있어요.

"허클베리 핀의 모험"은 미국 작가 마크 트웨인의 소설이에요. 허클베리 핀과 흑인 노예 짐은 인종과 문화의 차이로 갈라져 있었지만, 우연한 기회에 함께 뗏목을 타고 미시시피 강을 따라 여행을 떠나요. 그 과정에서 인간은 누구나 평등하며 존중되어야 함을 느끼게 되지요.

착한 사람이 죽으면 천(天)국에, 나쁜 사람이 죽으면 지(地)옥에 가요.

하늘 천

부수	大(큰 대)
획수	총 4획
中	天(tiān) 티앤

'하늘 천'은 사람의 머리 위에 있는 하늘을 그린 모양이에요.

地

땅 지

부수	土(흙 토)
획수	총 6획
中	地(dì) 띠

'땅 지'는 뱀이 서리고 있는 것과 같이 굴곡진 지형의 땅을 그린 모양이에요.

교과서 속 숨은 한자

여름

天 才   才 재주 재

천재 : 타고난 재주가 뛰어난 사람

국어

天 下   下 아래 하

천하 : 하늘 아래의 세상

수학

天 幕   幕 장막 막

천막 : 햇빛이나 비바람을 피하기 위해 씌워 놓은 천

여름

地 圖   圖 그림 도

지도 : 땅의 생김새를 줄여서 나타낸 그림

봄

地 方   方 모 방

지방 : 서울이 아닌 지역

사회

地 名   名 이름 명

지명 : 마을이나 산천, 지역의 이름

쓰는 순서에 맞게 예쁘게 따라 쓰세요.

총 4획	天 天 天 天						

天	天	天					
하늘 천							

총 6획	地 地 地 地 地 地						

地	地	地					
땅 지							

3

天
地
自
然
林
草
植
花
江
海
川

 알맞은 짝을 찾아 선으로 이으세요.

땅 지　•　　　•　天　•

하늘 천　•　　　•　地　•

 다음 밑줄 친 한자의 음을 찾아 번호를 쓰세요.

보기　　❶ 천재　　❷ 지도　　❸ 지방　　❹ 천하

01　친구들과 나는 세계 <u>地圖</u>에서 우리나라를 찾아보았습니다.　⟶　☐

02　우리 가족이 자주 가는 그 식당의 음식 맛은 <u>天下</u>일품입니다.　⟶　☐

03　<u>天才</u>와 바보는 백지 한 장의 차이입니다.　⟶　☐

04　어느 <u>地方</u>이든 그 곳만의 고유한 특산물이 있습니다.　⟶　☐

숙제는 당연(然)히 자(自)기 스스로 해야 해요.

自

스스로 자

- **부수** 自(스스로 자)
- **획수** 총 6획
- **中** 自(zì) 쯔

'스스로 자'는 얼굴의 중심인 코를 그린 모양으로 자기 자신이라는 의미를 가지고 있어요.

然

그럴 연

- **부수** 灬(연화발)
- **획수** 총 12획
- **中** 然(rán) 란*

'그럴 연'은 고기를 불에 굽는 모습을 그린 모양으로 나중에 그러하다는 의미를 가지게 되었어요.

교과서 속 숨은 한자

사회

自 國   國 나라 국

자국 : 자기 나라

국어

自 由   由 말미암을 유

자유 : 자기 마음대로 할 수 있는 상태

안전

自 動   動 움직일 동

자동 : 스스로 움직임

국어

偶 然   偶 짝 우

우연 : 뜻밖에 저절로 되는 일

여름

自 然

자연 : 산, 강, 바다와 같이 저절로 이루어진 모든 것

안전

當 然   當 마땅 당

당연 : 마땅히 그러함

쓰는 순서에 맞게 예쁘게 따라 쓰세요.

총 6획 自 自 自 自 自 自

自	自	自				
스스로 자						

총 12획 然 然 然 然 然 然 然 然 然 然 然 然

然	然	然				
그럴 연						

3

天地自然林草植花江海川

 다음 한자의 훈(뜻)과 음(소리)을 쓰세요.

自 훈 _____ 음 _____

然 훈 _____ 음 _____

 다음 밑줄 친 단어의 한자를 찾아 번호를 쓰세요.

보기   ❶ 自由   ❷ 自動   ❸ 偶然   ❹ 自然

01 백화점 문이 **자동**으로 열렸습니다.   → ☐

02 **자유**로운 분위기 속에서 창의성이 더욱 발휘됩니다.   → ☐

03 인간은 **자연**과 더불어 살아가야 합니다.   → ☐

04 **우연**한 기회에 어릴 적 친구와 연락이 닿았습니다.   → ☐

도림(林)천변에 잡초(草)가 무성해요.

林

수풀 림

부수	木(나무 목)
획수	총 8획
中	林(lín) 린

'수풀 림'은 두 그루의 나무를 그린 모양으로 나무가 많은 수풀이라는 의미를 가지고 있어요.

草

풀 초

부수	⺾(초두머리)
획수	총 10획
中	草(cǎo) 차오

'풀 초'는 들판에서 자라는 풀을 그린 모양이에요.

교과서 속 숨은 한자

사회

林 産 物 産 낳을 산
　　　　　　物 물건 물

* '林'이 단어 첫머리에
  올 때는 '임'으로 읽어요.

임산물 : 산림에서 나는 물품

국어

密 林
密 빽빽할 밀

밀림 : 나무가 빽빽하게 우거진 큰 숲

여름

山 林
山 메 산

산림 : 산과 숲

국어

草 原
　　　原 언덕 원

초원 : 풀이 나 있는 넓은 들판

봄

草 木
　　　木 나무 목

초목 : 풀과 나무

국어

草 食
　　　食 밥 식

초식 : 풀이나 채소를 주로 먹음

쓰는 순서에 맞게 예쁘게 따라 쓰세요.

총8획 林 林 林 林 林 林 林 林

林	林	林			

수풀 림

총10획 草 草 草 草 草 草 草 草 草 草

草	草	草			

풀 초

 다음 그림의 알맞은 한자를 찾아 ○표 하세요.

   林 ┊ 草

   林 ┊ 草

 다음 밑줄 친 한자의 음을 찾아 번호를 쓰세요.

보기   ❶ 초목   ❷ 초원   ❸ 산림   ❹ 임산물

01 山林을 보호하기 위하여 등산객들의 입산을 제한합니다.   ⟶ [　]

02 이 산지에는 산림이 무성하여 林産物이 많이 납니다.   ⟶ [　]

03 봄이 되면 온갖 草木이 싹을 틔웁니다.   ⟶ [　]

04 말들이 草原에서 마음껏 뛰놀고 있습니다.   ⟶ [　]

식(植)물원에는 예쁜 화(花)분이 많이 있어요.

植

심을 식

부수	木(나무 목)
획수	총 12획
中	植(zhí) 즈*

植　植

'심을 식'은 옛날에 문을 걸어 잠글 때 사용하던 곧은 나무로, 나중에 나무를 곧추세워 심는다는 의미를 가지게 되었어요.

花

꽃 화

부수	艹(초두머리)
획수	총 8획
中	花(huā) 후아

峷　花

'꽃 화'는 땅속에 뿌리를 내리고 핀 꽃을 그린 모양이에요.

교과서 속 숨은 한자

국어

植 物　物 물건 물

식물 : 풀과 나무처럼 땅에 뿌리를 내리고 사는 생물

봄

植 木 日　木 나무 목
　　　　　　日 날 일

식목일 : 나무를 심고 가꾸는 날

수학

植 物 園　物 물건 물
　　　　　　園 동산 원

식물원 : 여러 가지 식물을 모아 기르는 곳

사회

開 花　開 열 개

개화 : 꽃이 핌

봄

花 草　草 풀 초

화초 : 꽃이 피는 풀과 나무

수학

無 窮 花　無 없을 무
　　　　　　窮 다할 궁

무궁화 : 우리나라의 상징인 꽃

쓰는 순서에 맞게 예쁘게 따라 쓰세요.

총 12획 植 植 植 植 植 植 植 植 植 植 植 植

植	植	植				
심을 식						

총 8획 花 花 花 花 花 花 花 花

花	花	花				
꽃 화						

다음 한자에 해당하는 음(소리)을 찾아 ○표 하세요.

 植 　식 ┊ 화 　　　 花 　식 ┊ 화

다음 밑줄 친 단어의 한자를 찾아 번호를 쓰세요.

보기 　❶無窮花　　❷植木日　　❸花草　　❹植物

01 <u>식목일</u>은 나무를 심는 날입니다. ⟶ ☐

02 친구들과 '<u>무궁화</u>꽃이 피었습니다.' 놀이를 하며 놀았습니다. ⟶ ☐

03 봄이 되면 대부분의 <u>식물</u>이 꽃을 피우기 시작합니다. ⟶ ☐

04 식목일을 맞아 우리 가족은 마당에 <u>화초</u>를 심기로 했습니다. ⟶ ☐

3

天地自然林草植花江海川

공부한 날

/

낙동**강(江)**은 남**해(海)**로 흘러 들어가요.

江

강 강

부수	氵(삼수변)
획수	총 6획
中	江(jiāng) 지앙

'강 강'은 중국의 장강(長江)을 표현한 글자로 나중에 모든 강을 표현하게 되었어요.

海

바다 해

부수	氵(삼수변)
획수	총 10획
中	海(hǎi) 하이

'바다 해'는 모든 물(강, 하천)이 모여서 만들어진 지구에서 가장 큰 물이라는 의미를 가지고 있어요.

교과서 속 숨은 한자

겨울

江 山   山 메 산

강산 : 강과 산

안전

江 邊   邊 가 변

강변 : 강가

사회

江 原 道   原 언덕 원
           道 길 도

강원도 : 우리나라 중동부에 있는 도

사회

海 邊   邊 가 변

해변 : 바닷가

국어

海 産 物   産 낳을 산
           物 물건 물

해산물 : 바다에서 나는 먹거리

국어

海 賊   賊 도둑 적

해적 : 바다에서 배를 타고 다니며 남의 것을 빼앗는 도둑

쓰는 순서에 맞게 예쁘게 따라 쓰세요.

총 6획	江 江 江 江 江 江						

江	江	江					
강 강							

총 10획	海 海 海 海 海 海 海 海 海 海						

海	海	海					
바다 해							

 알맞은 짝을 찾아 선으로 이으세요.

江 •

• 강 강 •

• 바다 해 •

• 海

 다음 밑줄 친 한자의 음을 찾아 번호를 쓰세요.

보기	❶ 강변	❷ 해변	❸ 강원도	❹ 해산물

01 수현이네는 올 여름휴가를 <u>江原道</u>로 가기로 결정했습니다. ➡ ⬚

02 한여름 밤에 <u>海邊</u>을 따라 산책을 하였습니다. ➡ ⬚

03 우리는 <u>江邊</u>에 앉아 다정히 이야기를 나눴습니다. ➡ ⬚

04 우리나라는 삼면이 바다로 둘러싸여 있어 <u>海産物</u>이 풍부합니다. ➡ ⬚

3

天
地
自
然
林
草
植
花
江
海
川

연신내는 불광천(川)의 옛 이름이에요.

내 천

부수	川(내 천)
획수	총 3획
中	川(chuān) 츄안*

‶‶ ‶‶ ‶‶ 川

'내 천'은 하천을 따라 굽이쳐 흐르는 물을 그린 모양이에요.

산천초목　山　川　草　木
　　　　　메 산　내 천　풀 초　나무 목

*산천(山川)과 초목(草木). 곧 「산과 물과 나무와 풀」이라는 뜻으로, 자연(自然)을 일컫는 말.

교과서 속 숨은 한자

사회

河 **川**　　河 물 하

하천 : 강과 시내를 아울러 이르는 말

봄

山 **川**　　山 메 산

산천 : 산과 내, 자연을 이르는 말

사회

陜 **川**　　陜 땅이름 합

합천 : 경상남도 서북쪽에 있는 군

연신내는 불광천(川)의 옛 이름이에요.

쓰는 순서에 맞게 예쁘게 따라 쓰세요.

총 3획　川　川　川

川	川	川				
내 천						

 다음 한자의 훈(뜻)과 음(소리)을 쓰세요.

川　　훈 _____　음 _____

 다음 한자에 해당하는 그림과 음을 찾아 연결하세요.

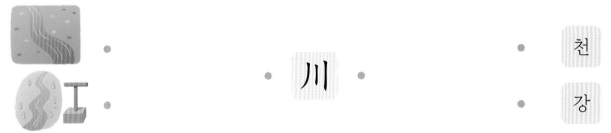

천

강

 다음 밑줄 친 단어의 한자를 찾아 번호를 쓰세요.

보기　　　　❶ 河川　　　　❷ 山川　　　　❸ 陜川

01　매년 요맘때는 <u>산천</u>에 진달래가 활짝 핍니다.　　→ 　

02　<u>하천</u>의 범람을 막기 위해서 제방을 쌓습니다.　　→ 　

03　경남 <u>합천</u>군에는 은행나무 가로수길이 조성되어 있습니다.　　→

연습문제

1 허크와 친구들은 신나는 모험을 떠나려 합니다. 알맞은 길을 찾아 훈음에 맞는 한자를 빈칸에 쓰세요.

꽃 화

풀 초

수풀 림

2 다음 한자 어원과 관련 있는 글자를 찾아 연결하세요.

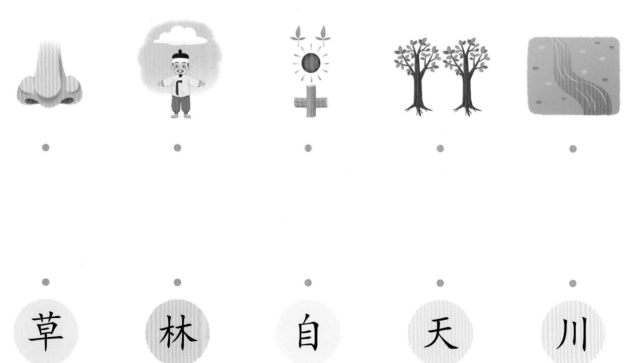

草   林   自   天   川

3 친구들과 식물원에 왔어요. 자,연이 몇 개가 있나요? 빈칸에 알맞은 답을 숫자로 쓰세요.

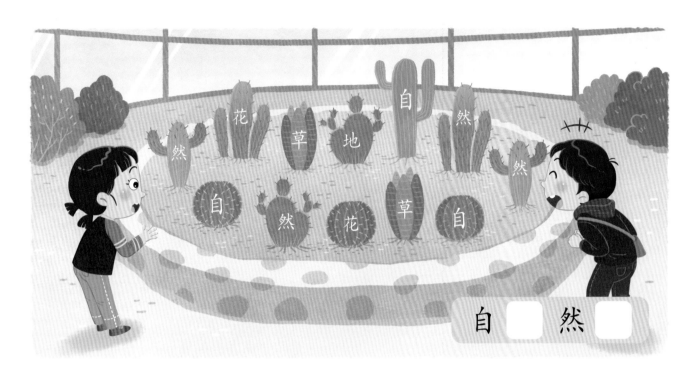

自 ☐   然 ☐

4 다음 한자어와 관련 있는 것을 찾아 연결하고, 해당 한자에 ○표 하세요.

해적   식목일   지도   당연

花, 植   海, 江   自, 然   天, 地

1 다음 밑줄 친 한자어의 음(소리)을 쓰세요.

01 그는 매일 <u>江北</u>에서 강남으로 출퇴근을 합니다. ☐

02 그의 온실에는 온갖 <u>花草</u>가 심어져 있습니다. ☐

03 <u>植木日</u>을 맞이하여 우리 가족은 앞산에 묘목을 심었습니다. ☐

2 다음 한자의 훈(뜻)과 음(소리)을 쓰세요.

01 自 훈_____ 음____

02 川 훈_____ 음____

03 地 훈_____ 음____

04 海 훈_____ 음____

3 다음 훈(뜻)과 음(소리)에 맞는 한자를 보기 에서 골라 번호를 쓰세요.

보기 ❶然 ❷草 ❸林 ❹植 ❺天 ❻活

01 하늘 천 ☐   02 풀 초 ☐

03 그럴 연 ☐   04 심을 식 ☐

4 다음 뜻에 맞는 한자어를 보기 에서 골라 번호를 쓰세요.

보기 ❶草地 ❷海軍 ❸自然 ❹植木

01 주로 바다에서 공격과 방어의 임무를 수행하는 군대 ☐

02 산, 강, 바다와 같이 저절로 이루어진 모든 것 ☐

5 다음 한자의 상대(반대)되는 한자를 보기 에서 골라 번호를 쓰세요.

보기 ❶川 ❷林 ❸金 ❹地

01 天 ↔ ☐

02 山 메 산[8급] ↔ ☐

6 다음 한자의 진하게 표시한 획은 몇 번째 쓰는지 보기 에서 찾아 그 번호를 쓰세요.

보기 ❶첫 번째 ❷두 번째 ❸세 번째 ❹네 번째 ❺다섯 번째 ❻여섯 번째 ❼일곱 번째 ❽여덟 번째 ❾아홉 번째 ❿열 번째

01 花 ☐   02 然 ☐

1 ⫽ 안의 한자의 음(소리)으로 알맞은 것을 찾아 번호를 쓰세요.

01 林 ☐
　①림　②민　③목　④지

02 川 ☐
　①화　②삼　③산　④천

2 ⫽ 안의 음(소리)에 맞는 한자를 찾아 번호를 쓰세요.

01 식 ☐
　①海　②植　③萬　④花

02 자 ☐
　①大　②自　③午　④面

3 ⫽ 안의 한자어를 바르게 읽은 것을 찾아 번호를 쓰세요.

01 이 지역은 草地 가 많아 목축업이 발달했습니다. ☐
　①천지　②화초　③초가　④초지

02 깨끗한 自然 환경을 후대에 물려 주어야 합니다. ☐
　①목수　②자연　③천연　④식목

4 ⫽ 안의 뜻을 가진 한자를 보기 에서 찾아 번호를 쓰세요.

보기　①花　②江　③草　④川

01 여러 물줄기들이 만나 큰 강 을 이룹니다. ☐

02 나비들이 꽃 사이로 한가롭게 날아다닙니다. ☐

5 ⫽ 에 들어갈 알맞은 한자를 보기 에서 찾아 번호를 쓰세요.

보기　①地　②江　③海　④自

01 올여름에는 식구들과 南 ⫽ 안을 여행하기로 했습니다. ☐

02 이 ⫽ 方은 겨울에 눈이 많이 내려 스키장이 많습니다. ☐

6 ⫽ 안의 한자어의 뜻을 찾아 번호를 쓰세요.

植木 ～～～ ☐

❶ 온갖 나무와 풀
❷ 건축재료로 쓰이는 나무
❸ 나무를 심음
❹ 아주 굵고 큰 나무

3

天
地
自
然
林
草
植
花
江
海
川

마음이 자라는 우리집

늙고老 힘없는 할아버지는 어린少 마르코를 단골 식당에 데려왔어요.
식당 안에는 티격태격 다투는 두 사내男, 남편夫과 정답게 이야기하는 아주머니,
밥을 먹지 않겠다고不 떼를 쓰는 꼬마, 그리고 식당 주인이 기르는育 개도 있었어요.

문장 힌트를 읽고 그림 속에 숨은 한자를 찾아봅시다.

姓 名 老 少 家 育 男 夫 祖 孝 不

엄마는 눈물을 흘리며 마르코의 **이름名**을 불렀어요.

사진 속 **할아버지祖**도, **집家**안에 있던 고양이도 흐뭇한 표정으로 바라보아요.

고양이 이름은 마르키예요. 마르코의 **성姓**을 따서 지은 이름이지요.

마르코는 엄마 품에 안겨서 **효도孝**하며 행복하게 살겠다고 다짐해요.

"엄마 찾아 삼만리"는 이탈리아 작가 에드몬도 데아미치스의 동화예요. 이탈리아에서 살던 소년 마르코는 아르헨티나로 일을 하러 간 엄마를 만나기 위해 집을 떠났어요. 많은 어려움을 이겨낸 끝에 엄마를 만나 함께 집으로 돌아온다는 이야기예요.

익명(名)의 기부자는 우리에게 성(姓)만을 알려주었어요.

부수	女(여자 녀)
획수	총 8획
中	姓(xìng) 씽

姓

성 성

'성 성'은 사람은 여자에 의해서 태어나는 것이라는 의미를 가지고 있어요.

부수	口(입 구)
획수	총 6획
中	名(míng) 밍

名

이름 명

'이름 명'은 밤에 누구인지를 찾기 위해서는 이름을 부른 데서 이름이라는 의미를 가지게 되었어요.

교과서 속 숨은 한자

수학

姓 名

성명 : 성과 이름

수학

姓 氏   氏 성씨 씨

성씨 : 사람의 성을 높여 부르는 말

국어

百 姓   百 일백 백

백성 : 국민을 예스럽게 이르는 말

국어

本 名   本 근본 본

본명 : 본디 이름

사회

名 作   作 지을 작

명작 : 이름 난 훌륭한 작품

학교

別 名   別 다를 별

별명 : 남들이 지어 부르는 이름

쓰는 순서에 맞게 예쁘게 따라 쓰세요.

총8획 姓 姓 姓 姓 姓 姓 姓 姓

姓	姓	姓			
성 성					

총6획 名 夕 夕 名 名 名

名	名	名			
이름 명					

 알맞은 짝을 찾아 선으로 이으세요.

이름 명 •   • 姓 •

성 성 •   • 名 •

 다음 밑줄 친 한자의 음을 찾아 번호를 쓰세요.

보기   ❶ 본명   ❷ 성씨   ❸ 백성   ❹ 별명

01 나는 어렸을 때 자주 울어서 <u>別名</u>이 울보였습니다. ⟹ ☐

02 연예인들은 <u>本名</u> 대신 가명을 많이 씁니다. ⟹ ☐

03 우리나라에서 자녀들의 <u>姓氏</u>는 대부분 아빠의 성을 따릅니다. ⟹ ☐

04 <u>百姓</u>이 잘 살아야 나라가 편안합니다. ⟹ ☐

세로 한자: 姓 名 老 少 家 育 男 夫 祖 孝 不

서울에는 소(少)수의 노(老)포만이 남아 있어요.

※노포 : 대대로 물려 내려오는 점포를 말해요.

늙을 로

부수	老(늙을 로)
획수	총 6획
中	老(lǎo) 라오

'늙을 로'는 허리를 구부리고 지팡이를 짚고 걸어가는 노인을 그린 모양이에요.

적을 소

부수	小(작을 소)
획수	총 4획
中	少(shǎo) 샤오※

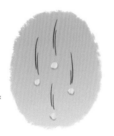

'적을 소'는 튀어 나오는 네 개의(적은 수의) 파편을 그린 모양이에요.

교과서 속 숨은 한자

 국어

老 人

* '老'가 단어 첫머리에 올 때는 '노'로 읽어요.

人 사람 인

노인 : 나이가 들어 늙은 사람

 안전

老 弱 者

弱 약할 약
者 사람 자

노약자 : 늙거나 약한 사람

 여름

老 後

後 뒤 후

노후 : 늙은 후

 국어

少 年

年 해 년

소년 : 어린 사내아이

국어

少 數

數 셈 수

소수 : 적은 수

 안전

年 少 者

* '年'이 단어 첫머리에 올 때는 '연'으로 읽어요.

年 해 년
者 사람 자

연소자 : 나이가 어린 사람

쓰는 순서에 맞게 예쁘게 따라 쓰세요.

총 6획	老 老 老 老 老 老					

老	老	老				

늙을 로

총 4획	少 少 少 少					

少	少	少				

적을 소

다음 한자의 훈(뜻)과 음(소리)을 쓰세요.

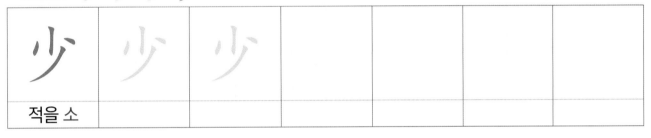

老　훈 _____ 음 _____

少　훈 _____ 음 _____

다음 밑줄 친 단어의 한자를 찾아 번호를 쓰세요.

보기　　❶ 老後　　❷ 少數　　❸ 老弱者　　❹ 年少者

01 지하철에는 **노약자**를 위한 자리가 따로 마련되어 있습니다.　⟶ [　]

02 다수의 이익을 위해서 **소수**가 희생되는 경우가 있습니다.　⟶ [　]

03 이 영화는 폭력적인 장면이 많아 **연소자** 관람 불가로 결정되었습니다.　⟶ [　]

04 **노후** 생활을 준비하기 위해 적금을 들기로 했습니다.　⟶ [　]

姓 名 老 少 家 育 男 夫 祖 孝 不

4

공부한 날 /

온 가(家)족이 육(育)아에 참여해야 해요.

家

집 가

부수	宀(갓머리)
획수	총 10획
中	家(jiā) 지아

'집 가'는 집 안에서 키우는 가축을 그린 모양이에요.

育

기를 육

부수	月 (육달월)
획수	총 8획
中	育(yù) 위

'기를 육'은 방금 출산한 엄마와 아이를 그린 모양으로 아이를 기르다라는 의미를 가지고 있어요.

교과서 속 숨은 한자

국어

家 訓 訓 가르칠 훈

가훈 : 한 집안의 어른이 자손들에 일러주는 가르침

가을

家 族 族 겨레 족

가족 : 결혼이나 핏줄로 이어진 사람들

국어

家 事 事 일 사

가사 : 집에서 하는 여러 가지 일

국어

體 育 體 몸 체

체육 : 운동으로 몸을 튼튼하게 하는 일

봄

育 兒 兒 아이 아

육아 : 아이를 기름

안전

教 育 教 가르칠 교

교육 : 지식이나 기술을 가르쳐 바르게 이끌어 주는 일

쓰는 순서에 맞게 예쁘게 따라 쓰세요.

총 10획 家 家 家 家 家 家 家 家 家 家

家	家	家				
집 가						

총 8획 育 育 育 育 育 育 育 育

育	育	育				
기를 육						

다음 그림의 알맞은 한자를 찾아 ○표 하세요.

  家 ┊ 育

  家 ┊ 育

다음 밑줄 친 한자의 음을 찾아 번호를 쓰세요.

보기   ❶ 가사   ❷ 교육   ❸ 가족   ❹ 체육

01 體育 대회에서 하정이네 반이 일등을 했습니다. →

02 정현이네는 이번 주에 家族 사진을 찍습니다. →

03 맞벌이 부부가 증가하면서 부부가 家事노동을 분담하는 가정이 많습니다. →

04 教育은 어린이들에게 선과 악을 가려보는 눈을 길러줍니다. →

4

姓 名 老 少 家 育 男 夫 祖 孝 不

남(男)편을 기다리다 돌이 된 것을 망부(夫)석이라고 해요.

사내 남

부수	田(밭 전)
획수	총 7획
中	男(nán) 난

'사내 남'은 밭과, 밭을 가는 쟁기를 그린 모양으로 농사를 짓는 남자라는 의미를 가지고 있어요.

지아비 부

부수	大(큰 대)
획수	총 4획
中	夫(fū) 푸*

'지아비 부'는 머리에 비녀를 꽂은 성인이 된 남자를 그린 모양이에요.

교과서 속 숨은 한자

국어
美 男
美 아름다울 미

미남 : 얼굴이 잘생긴 남자

수학
男 子
子 아들 자

남자 : 남성

가을
長 男
長 길/어른 장

장남 : 첫번째로 태어난 아들

국어
夫 人
人 사람 인

부인 : 남의 아내를 높여 부르는 말

봄
工 夫
工 장인 공

공부 : 지식이나 기술을 배우고 익힘

국어
夫 婦
婦 아내 부

부부 : 남편과 아내

쓰는 순서에 맞게 예쁘게 따라 쓰세요.

총 7획	男 男 男 男 男 男 男					
男 사내 남	男	男				

총 4획	夫 夫 夫 夫					
夫 지아비 부	夫	夫				

 다음 한자에 해당하는 음(소리)을 찾아 ○표 하세요.

 男   남 | 부    夫   남 | 부

 다음 밑줄 친 단어의 한자를 찾아 번호를 쓰세요.

보기   ❶ 工夫   ❷ 夫婦   ❸ 美男   ❹ 男子

01 요즘엔 잘생긴 남자를 꽃<u>미남</u>이라고 합니다. ➡

02 은주는 우리 반에서 <u>공부</u>를 가장 잘합니다. ➡

03 건하는 이번 연극의 <u>남자</u> 주인공입니다. ➡

04 육아 문제로 고민하는 맞벌이 <u>부부</u>가 많습니다. ➡

조(祖)상들은 충과 효(孝)를 중요한 덕목으로 생각했어요.

祖

- **부수** 示(礻)(보일 시)
- **획수** 총 10획
- **中** 祖(zǔ) 주

할아비 조

'할아비 조'는 조상의 무덤 앞에 있는 비석을 그린 모양으로 조상이라는 의미를 가지고 있어요.

孝

- **부수** 子(아들 자)
- **획수** 총 7획
- **中** 孝(xiào) 시아오

효도 효

'효도 효'는 노인을 업고 걸어가는 아들을 그린 모양이에요.

교과서 속 숨은 한자

국어 元 祖
元 으뜸 원
원조 : 어떤 일을 처음으로 시작한 사람

국어 祖 上
上 윗 상
조상 : 자기 세대 이전의 모든 세대

국어 先 祖
先 먼저 선
선조 : 먼 조상

국어 不 孝
不 아닐 불/부
불효 : 자식이 부모를 잘 모시지 못함

국어 孝 道
道 길 도
효도 : 부모를 잘 모시는 것

국어 孝 心
心 마음 심
효심 : 부모에게 효도하려는 마음

쓰는 순서에 맞게 예쁘게 따라 쓰세요.

총 10획 祖 祖 祖 祖 祖 祖 祖 祖 祖 祖

祖	祖	祖					
할아비 조							

총 7획 孝 孝 孝 孝 孝 孝 孝

孝	孝	孝					
효도 효							

 알맞은 짝을 찾아 선으로 이으세요.

祖 •

• 할아비 조 •

• 효도 효 •

• 孝

 다음 밑줄 친 한자의 음을 찾아 번호를 쓰세요.

보기　　❶ 조상　　❷ 효도　　❸ 원조　　❹ 효심

01　부모님의 마음을 편히 해 드리는 것, 그게 바로 孝道 입니다.　　➡　　[　]

02　孝心이 지극한 그는 몸이 불편한 어머니를 정성으로 보살폈습니다.　　➡　　[　]

03　명절이면 祖上의 산소를 찾아가 성묘를 합니다.　　➡　　[　]

04　이웃집 할머니가 이 음식의 元祖로 알려져 있습니다.　　➡　　[　]

음식이 부(不)족해서 받지 못한 친구들이 불(不)평을 했어요.

아닐 불 / 부

부수	一(한 일)
획수	총 4획
中	不(bù) 뿌

'아닐 불/부'는 움트려 하는 싹을 그린 모양으로 아니다라는 의미를 가지고 있어요.

불로장생 不 老 長 生
아닐 불   늙을 로   길 장   날 생

*늙지 않고 오래 삶.

교과서 속 숨은 한자

사회

不 老 草   老 늙을 로
         草 풀 초

불로초 : 먹으면 늙지 않는다는 풀

국어

不 安   安 편안 안

불안 : 마음이 편하지 아니하고 조마조마함

안전

不 注 意
* '不'은 'ㄷ', 'ㅈ' 앞에서 '부'로 읽어요.
注 부을 주
意 뜻 의

부주의 : 조심을 하지 아니함

음식이 부(不)족해서 받지 못한 친구들은 불(不)평을 했어요.

쓰는 순서에 맞게 예쁘게 따라 쓰세요.

총4획	不 不 不 不						
不	不	不					
아닐 불 / 부							

 다음 한자의 훈(뜻)과 음(소리)을 쓰세요.

不

훈 _____ 음 _____

 다음 한자에 해당하는 그림과 음을 찾아 연결하세요.

不

불

효

 다음 밑줄 친 단어의 한자를 찾아 번호를 쓰세요.

보기   ❶ 不注意   ❷ 不安   ❸ 不老草

01 주하는 집에 혼자 있기가 <u>불안</u>하여 친구 수안이를 불렀습니다.   ⟶ ☐

02 <u>불로초</u>는 먹으면 늙지 않는다는 전설의 풀입니다.   ⟶ ☐

03 사소한 <u>부주의</u>가 큰 사고를 가져올 수 있습니다.   ⟶ ☐

4

姓
名
老
少
家
育
男
夫
祖
孝
不

1 다음 수수께끼의 답을 찾아 질문의 번호와 같은 색으로 ○표 하세요.

2 다음 한자 어원과 관련 있는 글자를 찾아 연결하세요.

3 마르코가 엄마를 찾아갑니다. 엄마와 만날 수 있도록 알맞은 한자, 훈(뜻), 음(소리) 순서대로 길을 찾아가세요.

집

家

가

育

육

기를

孝   효도   효

4 다음 한자어와 관련 있는 글자를 찾아 선을 이으세요.

불효   장남   명작   육아

男   育   孝   名

1 다음 밑줄 친 한자어의 음(소리)을 쓰세요.

01 <u>姓名</u> 기입란에 이름을 적었습니다.

02 그는 아버지를 극진히 모시는 <u>孝子</u>입니다.

03 전통문화 속에는 <u>先祖</u>들의 지혜가 담겨있습니다.

2 다음 한자의 훈(뜻)과 음(소리)을 쓰세요.

01 家   훈 _____   음 _____

02 夫   훈 _____   음 _____

03 不   훈 _____   음 _____

04 男   훈 _____   음 _____

3 다음 훈(뜻)과 음(소리)에 맞는 한자를 보기 에서 골라 번호를 쓰세요.

보기   ❶老   ❷孝   ❸夕
      ❹育   ❺月   ❻名

01 기를 육 [ ]   02 효도 효 [ ]

03 늙을 로 [ ]   04 이름 명 [ ]

4 다음 뜻에 맞는 한자어를 보기 에서 골라 번호를 쓰세요.

보기   ❶教育   ❷夫人
      ❸子女   ❹不孝

01 지식이나 기술을 가르쳐 바르게 이끌어 주는 일 [ ]

02 자식이 부모를 잘 모시지 못함 [ ]

5 다음 한자의 상대(반대)되는 한자를 보기 에서 골라 번호를 쓰세요.

보기   ❶老   ❷孝   ❸力   ❹男

01 [ ] ⟷ 女 여자 녀[8급]

02 [ ] ⟷ 少

6 다음 한자의 진하게 표시한 획은 몇 번째 쓰는지 보기 에서 찾아 그 번호를 쓰세요.

보기   ❶ 첫 번째   ❷ 두 번째
      ❸ 세 번째   ❹ 네 번째
      ❺ 다섯 번째   ❻ 여섯 번째
      ❼ 일곱 번째   ❽ 여덟 번째
      ❾ 아홉 번째   ❿ 열 번째

01 姓 [ ]   02 育 [ ]

한자교육진흥회 기출 · 예상문제

▶정답 p.176

1 안의 한자의 음(소리)으로 알맞은 것을 찾아 번호를 쓰세요.

01 男 ☐
❶력 ❷가 ❸전 ❹남

02 名 ☐
❶석 ❷명 ❸구 ❹육

2 안의 음(소리)에 맞는 한자를 찾아 번호를 쓰세요.

01 성 ☐
❶生 ❷祖 ❸少 ❹姓

02 부 ☐
❶老 ❷夫 ❸六 ❹土

3 안의 한자어를 바르게 읽은 것을 찾아 번호를 쓰세요.

01 부모님께 不孝 한 지난 날이 너무나 후회됩니다. ☐
❶불효 ❷불로 ❸목자 ❹목수

02 전통문화 속에 先祖 들의 지혜가 엿보입니다. ☐
❶원조 ❷선수 ❸선생 ❹선조

4 안의 뜻을 가진 한자를 보기 에서 찾아 번호를 쓰세요.

보기 ❶家 ❷少 ❸空 ❹小

01 이 지역은 강수량이 적어 식수가 부족합니다. ☐

02 집 에서 학교까지는 십 분이 걸립니다. ☐

5 에 들어갈 알맞은 한자를 보기 에서 찾아 번호를 쓰세요.

보기 ❶姓 ❷育 ❸青 ❹老

01 教 ☐ 의 기회는 누구에게나 공평하게 주어져야 합니다. ☐

02 한 학생이 버스에서 ☐ 人에게 자리를 양보했습니다. ☐

6 안의 한자어의 뜻을 찾아 번호를 쓰세요.

祖上 ～～～ ☐
❶ 돌아가신 어버이 위로 대대의 어른
❷ 어떤 일을 시작한 사람
❸ 선천적으로 타고남
❹ 자라서 어른이 된 사람

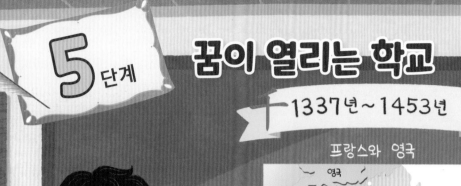

5단계 꿈이 열리는 학교

✝ 1337년~1453년

프랑스와 영국

다니엘은 천千 삼백 년대 프랑스와 영국 간에 일어난 영토전쟁의 이름을 물어問 봤어요.
전쟁 기간(1337년-1453년)을 셈算하고 거기서 16을 빼면 답答이 나와요.
한 학생이 재빨리 셈數을 해보고 말했어요. 정답은 '백百년 전쟁!'

문장 힌트를 읽고 그림 속에 숨은 한자를 찾아봅시다.

百 千 算 數 問 答 語 文 漢 字 工

피에르토 아저씨가 **한漢자字** 쓸 때 사용하는 붓으로 글씨를 써요.

카미유는 어머니를 위해 소리 내어 **글文**을 읽어 드려요.

어머니는 눈이 어둡지만, 뜨개질 솜씨 하나는 **장인工** 못지않아요.

다니엘은 많은 도움을 준 피에르토 아저씨에게 감사의 **말씀語**을 드렸어요.

도자기

피에르토 도자기

"꼬마 철학자"는 프랑스 작가 알퐁스 도데의 자전적 소설이에요. 이 작품은 주인공 다니엘이 부유한 유년 시절과 경제적 어려움을 겪는 사춘기를 거쳐, 혹독한 사랑의 시련을 겪으며 성인으로 성장하기까지의 과정을 진솔하게 담아냈어요.

꿈이 열리는 학교

천(千)자문을 백(百)번 읽었어요.

百

일백 백

부수	白(흰 백)
획수	총 6획
中	百(bǎi) 바이

'일백 백'은 숫자 100과 많다는 의미를 가지고 있어요.

千

일천 천

부수	十(열 십)
획수	총 3획
中	千(qiān) 치앤

'일천 천'은 옛날에 숫자 1000의 의미를 표현하던 방법이에요.

교과서 속 숨은 한자

수학

百 萬   萬 일만 만

백만 : 만의 백 배가 되는 수

봄

百 日   日 날 일

백일 : 아이가 태어난 지 100일 되는 날

국어

百 貨 店   貨 재물 화
店 가게 점

백화점 : 여러 가지 상품을 파는 큰 규모의 상점

여름

千 萬   萬 일만 만

천만 : 만의 천 배가 되는 수

국어

數 千   數 셈 수

수천 : 천의 여러 배가 되는 수

국어

千 金   金 쇠 금

천금 : 아주 소중한 것

쓰는 순서에 맞게 예쁘게 따라 쓰세요.

총 6획	百 百 百 百 百 百						
百	百	百					
일백 백							

총 3획	千 千 千						
千	千	千					
일천 천							

알맞은 짝을 찾아 선으로 이으세요.

일천 천 •   • 百 •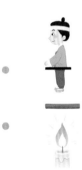

일백 백 •   • 千 •

다음 밑줄 친 한자의 음을 찾아 번호를 쓰세요.

보기   ❶ 수천   ❷ 천금   ❸ 백만   ❹ 백일

01 아기의 百日 잔치에 쓸 떡을 맞추었습니다.   ⟶ ☐

02 복권으로 일확千金을 노리는 것은 어리석은 일입니다.   ⟶ ☐

03 밤하늘엔 별 數千 개가 반짝입니다.   ⟶ ☐

04 이 영화는 3일 만에 百萬 명이 넘게 관람했습니다.   ⟶ ☐

계산(算)기에서 숫(數)자를 눌러요.

算

부수	竹(대나무 죽)
획수	총 14획
中	算(suàn) 쑤안

셈 산

'셈 산'은 손으로 나무판을 잡고 숫자를 계산하는 것을 그린 모양으로 셈이라는 의미를 가지고 있어요.

數

부수	攵(등글월 문)
획수	총 15획
中	數(shǔ) 슈*

셈 수

'셈 수'는 손으로 산가지를 잡고 셈을 하는 모양으로 셈, 숫자라는 의미를 가지고 있어요.

교과서 속 숨은 한자

수학

演 算
演 펼 연

연산 : 식이 나타낸 일정한 규칙에 따라 계산함

수학

計 算
計 셀 계

계산 : 수를 헤아림, 값을 치름

국어

暗 算
暗 어두울 암

암산 : 머리 속으로 계산함

수학

點 數
點 점 점

점수 : 성적을 나타내는 숫자

국어

額 數
額 이마 액

액수 : 돈이 얼마인지 나타내는 숫자

수학

回 數

* 사이시옷을 넣어 '횟수'로 읽어요.

回 돌아올 회

횟수 : 돌아오는 차례의 수효

쓰는 순서에 맞게 예쁘게 따라 쓰세요.

총 14획 算 算 算 算 算 算 算 筲 筲 算 算 算 算 算

算	算	算				
셈 산						

총 15획 數 數 數 數 數 數 數 數 數 數 數 數 數 數 數

數	數	數				
셈 수						

 다음 한자의 훈(뜻)과 음(소리)을 쓰세요.

算   훈   음

數   훈   음

 다음 밑줄 친 단어의 한자를 찾아 번호를 쓰세요.

보기   ❶ 暗算   ❷ 計算   ❸ 額數   ❹ 點數

01 구입한 물건을 **계산**대에 올려주세요.   →

02 방학 동안 공부를 열심히 해서 시험**점수**가 많이 올랐습니다.   →

03 혜영이는 계산기를 두드리는 것보다 **암산**하는 것이 더 빠릅니다.   →

04 많은 **액수**의 돈이 불우이웃 돕기 성금으로 모금되었습니다.   →

질문(問)을 읽고 바르게 대답(答)하세요.

물을 문

부수	口(입 구)
획수	총 11획
中	问(wèn) 원

間 間 問

'물을 문'은 남의 집을 방문해 질문하는 것을 그린 모양이에요.

대답할 답

부수	竹(대나무 죽)
획수	총 12획
中	答(dá) 다

荅 答

'대답할 답'은 죽간에 편지를 써서 주고 받는 것을 그린 모양이에요.

교과서 속 숨은 한자

국어

問 安
安 편안 안

문안 : 웃어른이 잘 지내는 지 여쭈어 봄

봄

質 問
質 바탕 질

질문 : 알고 싶은 것을 물음

안전

訪 問
訪 찾을 방

방문 : 사람이나 장소를 찾아 감

국어

應 答
應 응할 응

응답 : 부름이나 물음에 응하여 답함

수학

正 答
正 바를 정

정답 : 옳은 답

국어

答 狀
狀 문서 장

답장 : 받은 편지에 대답하여 보내는 편지

쓰는 순서에 맞게 예쁘게 따라 쓰세요.

총 11획	問 問 問 問 問 問 問 問 問 問 問						
問	問	問					
물을 문							

총 12획	答 答 答 答 答 答 答 答 答 答 答 答						
答	答	答					
대답할 답							

 다음 그림의 알맞은 한자를 찾아 ○표 하세요.

   問 ┊ 答      問 ┊ 答

 다음 밑줄 친 한자의 음을 찾아 번호를 쓰세요.

보기   ❶ 질문   ❷ 방문   ❸ 답장   ❹ 정답

01 학생들은 모두 2번이 <u>正答</u>이라고 생각했습니다.   ➡

02 선생님은 아이들의 <u>質問</u>에 성심성의껏 대답했습니다.   ➡

03 초등학교 졸업 후, 10년 만에 학교를 <u>訪問</u>했습니다.   ➡

04 며칠을 기다려도 <u>答狀</u>은 오지 않았습니다.   ➡

百千算數問答語文漢字工

5

語

말씀 어

부수	言(말씀 언)
획수	총 14획
中	语(yǔ) 위

'말씀 어'는 사람들이 서로 주고받는 말이라는 의미를 가지고 있어요.

文

글월 문

부수	文(글월 문)
획수	총 4획
中	文(wén) 원

'글월 문'은 은 몸에 새긴 문양을 그린 모양으로 나중에, 책이나 종이에 쓰여진 글자를 표현하게 되었어요.

교과서 속 숨은 한자

固 有 語
固 굳을 고
有 있을 유

고유어 : 어떤 고장 고유의 특이한 말

單 語
單 홑 단

단어 : 낱말

語 塞
塞 막힐 색

어색 : 말이나 동작이 자연스럽지 않음

文 化
化 될 화

문화 : 사람들이 살면서 함께 쌓아온 것들

文 學
學 배울 학

문학 : 생각이나 감정을 언어로 표현한 예술

感 想 文
感 느낄 감
想 생각 상

감상문 : 보고 들은 느낌을 쓴 글

쓰는 순서에 맞게 예쁘게 따라 쓰세요.

총 14획　語 語 語 語 語 語 語 語 語 語 語 語 語 語

語	語	語				
말씀 어						

총 4획　文 文 文 文

文	文	文				
글월 문						

 다음 한자에 해당하는 음(소리)을 찾아 ○표 하세요.

　語　어　문　　　文　어　문

 다음 밑줄 친 단어의 한자를 찾아 번호를 쓰세요.

보기　　❶ 單語　　❷ 感想文　　❸ 文化　　❹ 語塞

01 <u>어색</u>한 몸짓을 하는 아이의 행동을 보고 거짓말하고 있다는 것을 알았습니다. ⟶ ☐

02 <u>문화</u>를 지키지 못한 민족은 고유성을 잃고 사라지는 경우가 많습니다. ⟶ ☐

03 이번 방학 숙제는 책을 읽고 독후<u>감상문</u>을 쓰는 것입니다. ⟶ ☐

04 윤찬이는 새로 배운 <u>단어</u>를 공책에 정리하는 습관이 있습니다. ⟶ ☐

百 千 算 數 問 答 語 文 漢 字 工

한(漢)문 시간에는 정성스럽게 글자(字)를 써야 해요.

漢

한나라 한

부수	氵(삼수변)
획수	총 14획
中	汉(hàn) 한

滰 漢

'한나라 한'은 진흙이 많은 장강 유역을 의미하며, 이 지역에 세워진 한나라라는 의미를 가지고 있어요.

字

글자 자

부수	子(아들 자)
획수	총 6획
中	字(zì) 쓰

宇 宇 字

'글자 자'는 가정에서 늘어나는 아이를 그린 모양으로 계속 늘어나는 글자를 의미를 가지고 있어요.

교과서 속 숨은 한자

국어

漢 陽   陽 볕 양

한양 : 서울의 옛 이름

국어

漢 文   文 글월 문

한문 : 한자로 쓴 글

겨울

漢 字   字 글자 자

한자 : 고대 중국에서 만들어진 글자

영어

大 文 字   大 큰 대
            文 글월 문

대문자 : 서양 글자에서 큰 글씨체로 된 문자

안전

 字   點 점 점

점자 : 손으로 만져서 읽는 글자

국어

千 字 文   千 일천 천
            文 글월 문

천자문 : 중국 양나라 때 만들어진 천 글자의 한자책

쓰는 순서에 맞게 예쁘게 따라 쓰세요.

총14획 漢 漢 漢 漢 漢 漢 漢 漢 漢 漢 漢 漢 漢 漢

漢	漢	漢				
한나라 한						

총6획 字 字 字 字 字 字

字	字	字				
글자 자						

百 千 算 數 問 答 語 文 漢 字 工

알맞은 짝을 찾아 선으로 이으세요.

漢 •

• 한나라 한 •

• 글자 자 •

字

다음 밑줄 친 한자의 음을 찾아 번호를 쓰세요.

보기 ❶ 한자   ❷ 한양   ❸ 점자   ❹ 대문자

01 漢陽은 조선 시대의 도읍지로 서울의 옛 이름입니다. →

02 영어로 사람의 이름을 쓸 때에는 첫 글자를 大文字로 표기합니다. →

03 한글이 만들어지기 전에는 漢字의 훈음을 빌려 우리말을 적었습니다. →

04 우리 도서관에서는 시각장애인을 위해 點字도서를 많이 보유하고 있습니다. →

경주에 있는 안압지는 신라시대에 만들어진 인공(工)호수예요.

工

장인 공

부수	工(장인 공)
획수	총 3획
中	工(gōng) 꽁

古 工 工 工

'장인 공'은 땅을 다지는 도구를 그린 모양으로 나중에 도구를 잘 다루는 사람을 의미하게 되었어요.

사농공상 士 農 工 商
선비 사 농사 농 장인 공 장사 상

*선비 · 농부 · 공장(工匠) · 상인 등 네 가지 신분을 아울러 이르는 말. 봉건시대의 계급 관념을 순서대로 일컫는 말.

교과서 속 숨은 한자

과학
人 工 衛 星

人 사람 인
衛 지킬 위
星 별 성

인공위성 : 행성의 둘레를 돌도록 쏘아 올린 인공의 장치

사회
工 業
業 업 업

공업 : 원료를 가공하여 유용한 물자를 만드는 산업

안전
工 事
事 일 사

공사 : 길을 만들고 건물을 짓거나 고치는 일

경주에 있는 안압지는 신라시대에 만들어진 인공(工) 호수예요.

쓰는 순서에 맞게 예쁘게 따라 쓰세요.

총 3획　工　工　工

工	工	工				
장인 공						

 다음 한자의 훈(뜻)과 음(소리)을 쓰세요.

훈 _____ 음 _____

 다음 한자에 해당하는 그림과 음을 찾아 연결하세요.

工

자

공

 다음 밑줄 친 단어의 한자를 찾아 번호를 쓰세요.

보기　　❶ 工事　　❷ 人工衛星　　❸ 工業

01　울산광역시는 한국의 대표적인 <u>공업</u>도시입니다.　⟶

02　<u>공사</u>장 입구에는 '안전제일'이라는 팻말이 크게 쓰여 있습니다.　⟶

03　<u>인공위성</u>은 궤도를 따라 지구 주위를 돌고 있습니다.　⟶

꿈이 열리는 학교　**93**

5

百
千
算
數
問
答
語
文
漢
字
工

연습문제

1 다음 한자의 수를 세어 빈칸에 알맞은 답을 숫자로 쓰세요.

算

數

漢

字

2 다음 한자 어원과 관련 있는 글자를 찾아 연결하세요.

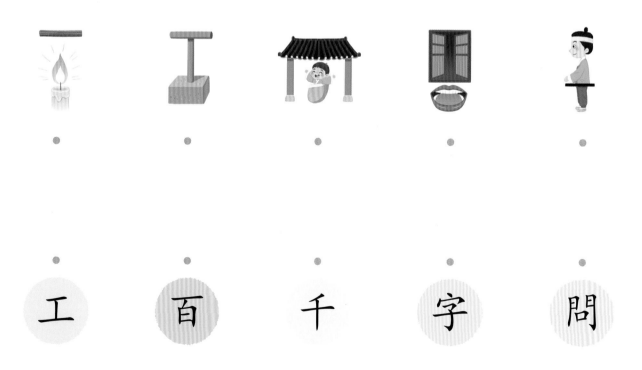

工　　百　　千　　字　　問

3 같은 한자 네 개를 가로, 세로, 대각선 방향으로 찾아 묶어보세요.

漢	問	千	千	工	答	文
文	漢	千	字	百	漢	字
文	千	漢	答	問	字	百
文	問	答	漢	字	漢	千
文	答	漢	字	工	答	文
答	算	算	算	算	百	千
問	工	千	文	字	工	漢

5
百 千 算 數 問 答 語 文 漢 字 工

4 다음 한자어와 관련 있는 것을 찾아 연결하고, 해당 한자에 〇표 하세요.

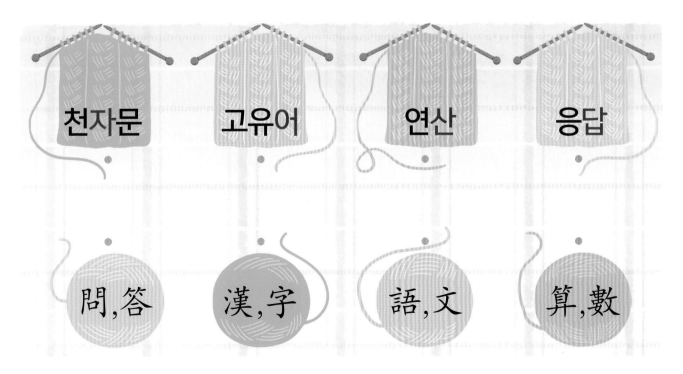

천자문   고유어   연산   응답

問,答   漢,字   語,文   算,數

1 다음 밑줄 친 한자어의 음(소리)을 쓰세요.

01 이 도시의 인구는 <u>數百</u>만에 달합니다. ☐

02 <u>工夫</u>를 잘하는 비결이 무엇인지 궁금합니다. ☐

03 한글은 세계적으로도 우수한 <u>文字</u>로 인정받고 있습니다. ☐

2 다음 한자의 훈(뜻)과 음(소리)을 쓰세요.

01 千 훈 _____ 음 _____

02 漢 훈 _____ 음 _____

03 算 훈 _____ 음 _____

04 答 훈 _____ 음 _____

3 다음 훈(뜻)과 음(소리)에 맞는 한자를 보기 에서 골라 번호를 쓰세요.

보기 ❶字 ❷語 ❸工
❹白 ❺子 ❻百

01 일백 백 ☐   02 글자 자 ☐

03 장인 공 ☐   04 말씀 어 ☐

4 다음 뜻에 맞는 한자어를 보기 에서 골라 번호를 쓰세요.

보기 ❶算數 ❷語學
❸漢文 ❹數千

01 계산하는 방법 ☐

02 한자로 쓴 글 ☐

5 다음 한자의 상대(반대)되는 한자를 보기 에서 골라 번호를 쓰세요.

보기 ❶門 ❷問

01 ☐ ↔ 答

6 다음 한자의 진하게 표시한 획은 몇 번째 쓰는지 보기 에서 찾아 그 번호를 쓰세요.

보기 ❶ 첫 번째 ❷ 두 번째
❸ 세 번째 ❹ 네 번째
❺ 다섯 번째 ❻ 여섯 번째
❼ 일곱 번째 ❽ 여덟 번째
❾ 아홉 번째 ❿ 열 번째

01 語 ☐   02 算 ☐

1 ▨ 안의 한자의 음(소리)으로 알맞은 것을 찾아 번호를 쓰세요.

01 漢 ▢

　❶ 천　　❷ 한　　❸ 만　　❹ 문

02 語 ▢

　❶ 언　　❷ 오　　❸ 어　　❹ 외

2 ▨ 안의 음(소리)에 맞는 한자를 찾아 번호를 쓰세요.

01 산 ▢

　❶ 漢　　❷ 問　　❸ 算　　❹ 植

02 천 ▢

　❶ 千　　❷ 十　　❸ 不　　❹ 木

3 ▨ 안의 한자어를 바르게 읽은 것을 찾아 번호를 쓰세요.

01 뒷마당에는 數百 년 된 은행나무가 있습니다. ▢

　❶ 수년　　❷ 수백　　❸ 천백　　❹ 백만

02 文字 메시지를 기다리던 그는 답장이 오자 빙긋 웃었습니다. ▢

　❶ 한자　　❷ 천문　　❸ 문자　　❹ 산수

4 ▨ 안의 뜻을 가진 한자를 [보기]에서 찾아 번호를 쓰세요.

[보기]　❶ 數　❷ 問　❸ 答　❹ 萬

01 아이는 묻는 말에 거침없이 **대답** 했습니다. ▢

02 나는 여섯 살 때부터 글자와 **셈** 을 익혔습니다. ▢

5 ▨ 에 들어갈 알맞은 한자를 [보기]에서 찾아 번호를 쓰세요.

[보기]　❶ 文　❷ 父　❸ 工　❹ 空

01 그는 먹는 것도 잊어버리고 ▨ 夫 에만 몰두했습니다. ▢

02 《금오신화》는 우리나라 최초의 漢 ▨ 소설입니다. ▢

6 ▨ 안의 한자어의 뜻을 찾아 번호를 쓰세요.

學問 ～～～ ▢

❶ 학생에게 교육을 실시하는 기관
❷ 서로 묻고 대답함
❸ 어떤 분야를 체계적으로 배워서 익힘
❹ 학생을 가르치는 사람

구석구석 마을 여행

엄마 늑대는 이제 모글리를 사람들이 사는 **고을邑**로 보내려고 해요.
모글리는 매일 **살다住**시피 하던 **골짜기洞** 옆을 지나며 추억에 잠겨요.
길道목에 멈춰 서서 눈물을 흘리며 엄마 아빠 늑대와 작별인사를 해요.
저 멀리 **마을里**에서 **농사農**짓는 아저씨의 모습이 보여요.

문장 힌트를 읽고 그림 속에 숨은 한자를 찾아봅시다.

世 道 市 洞 邑 里 農 村 住 所 主

저자市거리에 늑대소년이 나타나자 온 마을村이 들썩였어요.
한 식당의 주인主은 따뜻한 빵과 우유를 내어주었어요.
모글리 눈에 비친 인간世 세상은 모든 것이 신기했어요.
모글리는 시끄럽고 정신없는 이곳所에서 벗어나고 싶었어요.

世道市洞邑里農村住所主

"정글북"은 영국 작가 러디어드 키플링의 소설이에요. 모글리는 늑대에게
발견되어 정글에서 키워졌어요. 한때 동물들에게 인정받지 못하고 쫓겨났
지만, 후에 무법 호랑이 시어칸과의 대결에서 승리한 후 동물들의 존경을
받게 되지요. 동물들의 우정과 의리, 따뜻한 가족애를 느낄 수 있어요.

중국에는 **세(世)**계에서 가장 긴 **도(道)**로가 있어요.

인간 세

부수	一(한 일)
획수	총 5획
中	世(shì) 스*

'인간 세'는 나뭇가지에 돋아나는 새순을 그린 모양으로 세대라는 의미를 가지고 있어요.

길 도

부수	辶(책받침)
획수	총 13획
中	道(dào) 따오

'길 도'는 옳은 길로 인도하는 의미로 올바른 이치라는 의미로 사용해요.

교과서 속 숨은 한자

世 上 上 윗 상

세상 : 사람들이 살고 있는 곳

世 宗 宗 마루 종

세종 : 조선의 제4대 왕

국어

世 界 界 지경 계

세계 : 지구 위의 모든 나라, 인류 사회 전체

안전

道 路 路 길 로

도로 : 사람이나 차가 다니는 길

안전

橫 斷 步 道
橫 가로 횡
斷 끊을 단
步 걸음 보

횡단보도 : 사람이 가로 건널 수 있도록 마련한 길

겨울

跆 拳 道
跆 밟을 태
拳 주먹 권

태권도 : 우리 나라 전통의 고유 무술

쓰는 순서에 맞게 예쁘게 따라 쓰세요.

총 5획	世 世 世 世 世					
世 인간 세	世	世				

총 13획	道 道 道 道 道 道 道 道 道 道 道 道 道					
道 길 도	道	道				

 알맞은 짝을 찾아 선으로 이으세요.

길 도 •   • 世 •

인간 세 •   • 道 •

 다음 밑줄 친 단어의 한자를 찾아 번호를 쓰세요.

보기   ❶世上   ❷世宗   ❸跆拳道   ❹橫斷步道

01 <u>태권도</u>는 전 세계에서 인기있는 우리나라의 무술입니다.   →

02 <u>횡단보도</u>를 건널 때는 주위를 잘 살피고 나서 건너야 합니다.   →

03 <u>세종</u>대왕은 글을 모르는 백성들을 위해서 한글을 창제하였습니다.   →

04 안경을 쓰니 <u>세상</u>이 선명해 보입니다.   →

저는 서울시(市) 마포구 합정동(洞)에 살아요.

市

저자 시

부수	巾(수건 건)
획수	총 5획
中	市(shì) 스*

'저자 시'는 발소리가 울려 퍼지는 시끌시끌한 마을을 그린 모양으로 시장이라는 의미를 가지고 있어요.

洞

골 동

부수	氵(삼수변)
획수	총 9획
中	洞(dòng) 뚱

'골 동'은 옛날에 사람들이 함께 살던 물이 있는 곳을 그린 모양으로 마을이라는 의미를 가지고 있어요.

교과서 속 숨은 한자

사회 市 民
民 백성 민

시민 : 도시에 사는 사람

사회 都 市
都 도읍 도

도시 : 사람이 많이 사는 큰 지역

국어 市 場
場 마당 장

시장 : 물건을 사고 파는 곳

과학 洞 窟
窟 굴 굴

동굴 : 자연적으로 생긴 넓은 굴

사회 洞 民
民 백성 민

동민 : 동에 사는 사람

여름 洞 口
口 입구

동구 : 마을 어귀

쓰는 순서에 맞게 예쁘게 따라 쓰세요.

총 5획 市 市 市 市 市

市	市	市				
저자 시						

총 9획 洞 洞 洞 洞 洞 洞 洞 洞 洞

洞	洞	洞				
골 동						

 다음 한자의 훈(뜻)과 음(소리)을 쓰세요.

市 훈 ____ 음 ____

洞 훈 ____ 음 ____

 다음 밑줄 친 한자의 음을 찾아 번호를 쓰세요.

보기 ❶ 도시 ❷ 시장 ❸ 동굴 ❹ 동민

01 동사무소에서 洞民을 위해 무료 독서실을 운영합니다. →

02 洞窟이 너무 어두워서 손전등을 켰습니다. →

03 서울은 세계적인 都市의 면모를 갖추었습니다. →

04 김치는 이제 유럽 市場에까지 수출되고 있습니다. →

오른쪽 세로: 6 世 道 市 洞 邑 里 農 村 住 所 主

파주시 법원읍(邑) 동문리(里)에는 신사임당의 묘가 있어요.

邑

고을 읍

부수	邑(고을 읍)
획수	총 7획
中	邑(yì) 이

'고을 읍'은 성 앞에 무릎을 꿇은 사람을 그린 모양으로 사람들이 모여 사는 성이나 지역이라는 의미를 가지고 있어요.

里

마을 리

부수	里(마을 리)
획수	총 7획
中	里(lǐ) 리

'마을 리'는 밭과 흙을 그린 모양으로 사람들이 생활하는 곳이라는 의미를 가지고 있어요.

교과서 속 숨은 한자

국어

邑 內   內 안 내

읍내 : 읍의 안

사회

都 邑   都 도읍 도

도읍 : 한 나라의 수도를 이르던 말

국어

都 邑 地   都 도읍 도
都 邑 地   地 땅 지

도읍지 : 한 나라의 수도로 삼은 곳

사회

九 萬 里   九 아홉 구
九 萬 里   萬 일만 만

구만리 : 먼 거리를 비유적으로 이르는 말

사회

里 長   * '里'가 단어 첫머리에 올 때는 '이'로 읽어요.
里 長   長 길 / 어른 장

이장 : 행정구역 "里"를 대표하는 사람

여름

萬 里 長 城   萬 일만 만
萬 里 長 城   長 길 / 어른 장
萬 里 長 城   城 재 성

만리장성 : 중국 북쪽에 있는 아주 긴 성

쓰는 순서에 맞게 예쁘게 따라 쓰세요.

총 7획	邑 邑 邑 邑 邑 邑 邑						
邑	邑	邑					
고을 읍							

총 7획	里 里 里 里 里 里 里						
里	里	里					
마을 리							

 다음 그림의 알맞은 한자를 찾아 ○표 하세요.

邑 ┊ 里   邑 ┊ 里

다음 밑줄 친 단어의 한자를 찾아 번호를 쓰세요.

보기   ❶ 萬里長城   ❷ 都邑   ❸ 里長   ❹ 邑內

01 한 시간을 넘게 걸어야 <u>읍내</u>로 가는 버스를 탈 수 있습니다.   → ☐

02 <u>만리장성</u>은 달에서도 보일 만큼 그 규모가 장대합니다.   → ☐

03 태조 이성계는 조선을 세우고 <u>도읍</u>을 한양(漢陽)으로 옮겼습니다.   → ☐

04 <u>이장</u>은 마을 일에 헌신적 노고를 아끼지 않았습니다.   → ☐

세 道 市 洞 邑 里 農 村 住 所 主

구석구석 마을 여행 **105**

민속촌(村)에서 농(農)기구를 보았어요.

농사 농

부수	辰(별 진)
획수	총 13획
中	农(nóng) 농

  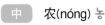 

'농사 농'은 농기구를 들고 나무를 하는 것을 그린 모양으로 농사를 짓는다는 의미를 가지고 있어요.

村

마을 촌

부수	木(나무 목)
획수	총 7획
中	村(cūn) 춘

'마을 촌'은 나무가 있는 사람들이 모여 사는 마을을 그린 모양이에요.

교과서 속 숨은 한자

 봄
農 村

농촌 : 농사를 짓는 사람들이 모여 사는 마을

여름
漁 村
漁 고기잡을 어

어촌 : 고기잡이 하는 사람들이 모여 사는 마을

 국어
農 夫
夫 지아비 부

농부 : 농사 짓는 사람

사회
江 村
江 강 강

강촌 : 강가에 있는 마을

 국어
農 場
場 마당 장

농장 : 농작물을 기르는 곳

봄
地 球 村
地 땅 지
球 공 구

지구촌 : 지구가 한 마을처럼 가까워짐을 이르는 말

쓰는 순서에 맞게 예쁘게 따라 쓰세요.

총 13획 農 農 農 農 農 農 農 農 農 農 農 農 農

農	農	農				
농사 농						

총 7획 村 村 村 村 村 村 村

村	村	村				
마을 촌						

6

世
道
市
洞
邑
里
農
村
住
所
主

다음 한자에 해당하는 음(소리)을 찾아 ○표 하세요.

農   농 ┊ 촌   村   농 ┊ 촌

다음 밑줄 친 한자의 음을 찾아 번호를 쓰세요.

보기   ❶ 농부   ❷ 지구촌   ❸ 어촌   ❹ 농장

01 우리나라 기업들이 地球村 곳곳에 진출하였습니다.   ⟶ ☐

02 휴일에 우리 가족은 주말 農場에 가서 텃밭을 가꿉니다.   ⟶ ☐

03 農夫들은 농산물을 자식처럼 다룹니다.   ⟶ ☐

04 漁村 생활에서는 밀물 시간과 썰물 시간을 아는 것이 중요합니다.   ⟶ ☐

참여한 주(住)민들의 소(所)감을 들어보았어요.

살 주

부수	亻(사람인 변)
획수	총 7획
中	住(zhù) 쭈*

'살 주'는 불이 켜져 있는 곳에 사람이 있는 모습을 그린 모양으로 사람이 살 다라는 의미를 가지고 있어요.

바 소

부수	戶(지게 호)
획수	총 8획
中	所(suǒ) 수어

'바 소'는 도끼로 나무를 찍는 것을 그린 모양으로 나중에 장소를 표현하게 되었어요.

교과서 속 숨은 한자

[사회]

住 民
民 백성 민

주민 : 정해진 지역에 살고 있는 사람

[안전]

住 所

주소 : 사는 곳

[국어]

衣 食 住
衣 옷 의
食 밥 식

의식주 : 옷과 음식과 집

[국어]

所 聞
聞 들을 문

소문 : 사람들 입에 오르내려 전해지는 말

[사회]

場 所
場 마당 장

장소 : 어떤 일이 일어나는 곳

[국어]

所 願
願 원할 원

소원 : 어떤 일이 이루어지기를 바람

쓰는 순서에 맞게 예쁘게 따라 쓰세요.

총7획 住 住 住 住 住 住 住

住	住	住				
살 주						

총8획 所 所 所 所 所 所 所 所

所	所	所				
바 소						

6

世 道 市 洞 邑 里 農 村 住 所 主

 알맞은 짝을 찾아 선으로 이으세요.

住 ●

● 살 주 ●

● 바 소 ●

● 所

 다음 밑줄 친 단어의 한자를 찾아 번호를 쓰세요.

보기 ❶ 所願   ❷ 所聞   ❸ 住所   ❹ 衣食住

01 인터넷 주문 시에는 받는 분의 **주소**를 정확하게 적어야 합니다. ⟶ [ ]

02 **의식주**는 인간 생활의 세 가지 기본요소인 옷과 음식과 집을 말합니다. ⟶ [ ]

03 그녀는 **소문**난 효녀입니다. ⟶ [ ]

04 현수는 별똥별을 보면서 **소원**을 빌었습니다. ⟶ [ ]

우리 나라의 주(主)인은 바로 우리 어린이들이에요.

主

주인 주

부수 丶 (점 주)

획수 총 5획

中 主(zhǔ) 쥬*

'주인 주'는 촛불이 있는 촛대를 그린 모양으로 귀한 것, 핵심 인물, 주인이라는 의미를 가지고 있어요.

주객일체 主 客 一 體
　　　　주인 주　손 객　한 일　몸 체

＊나와 대상이 일체가 됨.

교과서 속 숨은 한자

국어
主 人
人 사람 인
주인 : 물건을 가지고 있는 사람

사회
主 體
體 몸 체
주체 : 어떤 단체나 물건의 주가 되는 부분

국어
主 要
要 요긴할 요
주요 : 중심이 되거나 중요한 것

우리 나라의 주(主)인은 바로 우리 어린이들이에요.

쓰는 순서에 맞게 예쁘게 따라 쓰세요.

총 5획 主 主 主 主 主

主	主	主				
주인 주						

 다음 한자의 훈(뜻)과 음(소리)을 쓰세요.

훈 _____ 음 _____

 다음 한자에 해당하는 훈(뜻), 음(소리)을 찾아 연결하세요.

살 주

주인 주

 다음 밑줄 친 한자의 음을 찾아 번호를 쓰세요.

보기   ❶ 주인   ❷ 주요   ❸ 주체

01 이번 바자회는 학생들이 <u>主體</u>가 된 가운데 성공적으로 끝마쳤습니다. ⟶ ☐

02 개는 냄새로도 <u>主人</u>을 알아봅니다. ⟶ ☐

03 요즘 우리 언니의 <u>主要</u>한 관심사는 다이어트입니다. ⟶ ☐

世道市洞邑里農村住所主

구석구석 마을 여행 **111**

연습문제

1 다음 빈칸에 알맞은 한자를 보기에서 찾아 쓰고, 주소를 완성하세요.

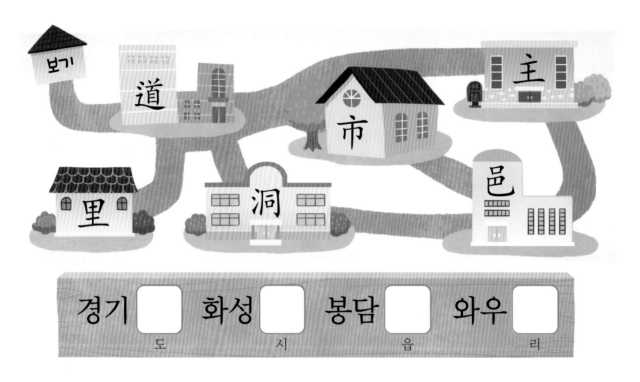

보기

경기 ☐ 화성 ☐ 봉담 ☐ 와우 ☐
　　도　　　　시　　　　읍　　　　리

2 다음 한자 어원과 관련 있는 글자를 찾아 연결하세요.

所　　洞　　村　　世　　邑

3 아이들이 사다리 타기 놀이를 하고 있습니다. 도착한 곳의 이름을 한글로 쓰세요.

4 다음 한자어와 관련 있는 글자를 찾아 선을 이으세요.

세계   농촌   구만리   장소

所   里   世   農

한국어문회 기출 · 예상문제

1 다음 밑줄 친 한자어의 음(소리)을 쓰세요.

01 아무도 그의 **住所**를 아는 사람이 없습니다. ☐

02 **農村** 인구가 도시로 집중하고 있습니다. ☐

03 아침부터 **市長** 님이 사무실을 방문하셨습니다. ☐

2 다음 한자의 훈(뜻)과 음(소리)을 쓰세요.

01 邑 훈＿＿＿＿＿ 음＿＿＿＿＿

02 道 훈＿＿＿＿＿ 음＿＿＿＿＿

03 所 훈＿＿＿＿＿ 음＿＿＿＿＿

04 里 훈＿＿＿＿＿ 음＿＿＿＿＿

3 다음 훈(뜻)과 음(소리)에 맞는 한자를 보기 에서 골라 번호를 쓰세요.

보기 ❶市 ❷主 ❸村 ❹寸 ❺世 ❻洞

01 주인 주 ☐   02 골 동 ☐

03 인간 세 ☐   04 마을 촌 ☐

4 다음 뜻에 맞는 한자어를 보기 에서 골라 번호를 쓰세요.

보기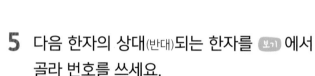

01 한 동네의 우두머리 ☐

02 수돗물을 나오게 하거나 막는 장치 ☐

5 다음 한자의 상대(반대)되는 한자를 보기 에서 골라 번호를 쓰세요.

보기

01 ☐ ↔ 客 손님 객[5급]

02 都 도읍 도[5급] ↔ ☐

6 다음 한자의 진하게 표시한 획은 몇 번째 쓰는지 보기 에서 찾아 그 번호를 쓰세요.

보기
❶ 첫 번째   ❷ 두 번째
❸ 세 번째   ❹ 네 번째
❺ 다섯 번째 ❻ 여섯 번째
❼ 일곱 번째 ❽ 여덟 번째
❾ 아홉 번째 ❿ 열 번째

01 世 ☐   02 村 ☐

1 〰 안의 한자의 음(소리)으로 알맞은 것을 찾아 번호를 쓰세요.

01 洞 ☐
❶ 동   ❷ 도   ❸ 농   ❹ 중

02 里 ☐
❶ 시   ❷ 리   ❸ 주   ❹ 생

2 〰 안의 음(소리)에 맞는 한자를 찾아 번호를 쓰세요.

01 촌 ☐
❶ 川   ❷ 草   ❸ 千   ❹ 村

02 읍 ☐
❶ 邑   ❷ 道   ❸ 洞   ❹ 世

3 〰 안의 한자어를 바르게 읽은 것을 찾아 번호를 쓰세요.

01 主人 이 돌아오자 강아지가 꼬리를 흔들며 반깁니다. ☐
❶ 왕인   ❷ 주인   ❸ 출입   ❹ 주소

02 오전에 지하철이 고장 나서 출근하는 市民 들이 큰 불편을 겪었습니다. ☐
❶ 도민   ❷ 농민   ❸ 시외   ❹ 시민

4 〰 안의 뜻을 가진 한자를 보기 에서 찾아 번호를 쓰세요.

보기   ❶ 所   ❷ 道   ❸ 村   ❹ 世

01 숲속에서 길 을 잃고 한참을 헤맸습니다. ☐

02 눈이 와서 온 세상 이 하얗게 덮였습니다. ☐

5 〰 에 들어갈 알맞은 한자를 보기 에서 찾아 번호를 쓰세요.

보기   ❶ 住   ❷ 語   ❸ 主   ❹ 農

01 〰 所를 적은 쪽지를 들고 친구 집을 찾아갔습니다. ☐

02 농사가 풍년이어서 〰 夫들의 얼굴에 미소가 가득합니다. ☐

6 〰 안의 한자어의 뜻을 찾아 번호를 쓰세요.

名所 〰〰〰

❶ 사람들의 이름을 적은 표
❷ 머물러 지내는 곳
❸ 이름이 널리 알려진 경치나 유적
❹ 물건을 보관하는 곳

6

世
道
市
洞
邑
里
農
村
住
所
主

내가 바라는 세상

편안安했던 도로시 집에 천둥 번개電와 함께 회오리가 몰아쳤어요.

종이紙와 나뭇조각들이 흩날리고, 가축과 수레車도 휩쓸려 올라갔어요.

회오리의 거센 움직임動에 어떤 것도 온전全하게 살아남기 힘들었어요.

문장 힌트를 읽고 그림 속에 숨은 한자를 찾아봅시다.

安 全 正 直 電 話 動 車 記 紙

글린다는 **곧은直** 지팡이를 들고 도로시 일행을 기다리고 있었어요.

도로시와 친구들은 글린다를 보자마자 예의 **바르게正** 인사했어요.

그동안 있었던 일들을 모두 **말話**하고, 글린다에게 황금 모자를 건네주었어요.

도로시는 오즈에서의 추억을 일기장에 빠짐없이 **기록記**해 두겠다고 다짐했어요.

"오즈의 마법사"는 미국 작가 프랭크 바움의 동화예요. 도로시는 회오리에 휩쓸려 신비한 나라 오즈에 떨어져요. 집으로 돌아가기 위해 마법사를 찾아가는 도중에 새로운 친구들을 만나고 함께 어려움을 이겨내며 마음속에 가지고 있었던 지혜와 용기를 발견하게 된다는 이야기예요.

내가 바라는 세상

전염병으로 인해서 **전全**국의 모든 사람들이 불**안安**해 하고 있어요.

安

편안 안

부수	宀(갓머리)
획수	총 6획
中	安(ān) 안

'편안 안'은 집 안에 앉아 있는 여자를 그린 것으로 편안하다는 의미를 가지고 있어요.

全

온전 전

부수	入(들 입)
획수	총 6획
中	全(quán) 취앤

'온전 전'은 옥이 서로 끼워진 상태를 그린 것으로 흠이 없다, 온전하다는 의미를 가지고 있어요.

교과서 속 숨은 한자

가을

未 安 未 아닐 미

미안 : 마음이 편하지 못하고 부끄러움

안전

安 心 心 마음 심

안심 : 편안한 마음

사회

長 安 長 길 / 어른 장

장안 : 중국 도시 서안의 옛이름, 서울

국어

全 體 體 몸 체

전체 : 모든 것, 모두

안전

全 員 員 인원 원

전원 : 전체 인원

가을

全 國 國 나라 국

전국 : 온 나라

쓰는 순서에 맞게 예쁘게 따라 쓰세요.

총 6획	安 安 安 安 安 安						
安	安	安					
편안 안							

총 6획	全 全 全 全 全 全						
全	全	全					
온전 전							

 알맞은 짝을 찾아 선으로 이으세요.

온전 전 •   • 安 •

편안 안 •   • 全 •

 다음 밑줄 친 한자의 음을 찾아 번호를 쓰세요.

보기	❶ 안심	❷ 미안	❸ 전국	❹ 전체

01 갑자기 벼락이 떨어지더니 동네 <u>全體</u>가 어두워졌습니다. ➡ ▢

02 아이들에게 <u>安心</u>하고 먹을 수 있는 먹거리를 제공해야 합니다. ➡ ▢

03 <u>未安</u>하지만 길 좀 비켜 주시기 바랍니다. ➡ ▢

04 <u>全國</u>에 폭풍 주의보가 내려졌습니다. ➡ ▢

정(正)답을 직(直)접 알려 주었어요.

바를 정

부수	止(그칠 지)
획수	총 5획
中	正(zhèng) 쪙*

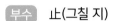 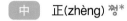

'바를 정'은 성을 향해 나아가는 것을 그린 모양으로 바르다, 정당하다는 의미를 가지고 있어요.

곧을 직

부수	目(눈 목)
획수	총 8획
中	直(zhí) 즈*

'곧을 직'은 시선이 바르다, 곧다라는 의미를 가지고 있어요.

교과서 속 숨은 한자

子 아들 자

자정 : 밤 12시

刻 새길 각

정각 : 바로 그 시각

정직 : 거짓없이 바르고 곧음

面 낯 면

직면 : 직접 대면함

立 설 립

직립 : 꼿꼿하게 바로 섬

列 벌일 렬

직렬 : 전기 회로에서 전지 따위를 일렬로 연결하는 일

쓰는 순서에 맞게 예쁘게 따라 쓰세요.

총 5획	正 正 正 正 正					
正 바를 정	正	正				

총 8획	直 直 直 古 古 肖 直 直					
直 곧을 직	直	直				

7

安
全
正
直
電
話
動
車
記
紙

다음 한자의 훈(뜻)과 음(소리)을 쓰세요.

正   훈 _____ 음 _____

直   훈 _____ 음 _____

다음 밑줄 친 단어의 한자를 찾아 번호를 쓰세요.

보기   ❶ 正直   ❷ 直立   ❸ 直面   ❹ 正刻

01 지우는 12시 **정각**에 학교에서 건우와 만나기로 했습니다.   → [ ]

02 사람은 아무리 어려운 일에 **직면**하더라도 극복할 힘을 가지고 있습니다.   → [ ]

03 인류가 다른 동물과 구별되는 점 중 하나는 **직립**한다는 것입니다.   → [ ]

04 아버지께서는 항상 **정직**하라고 강조하셨습니다.   → [ ]

전(電)기의 발명에 관한 동화(話)책을 읽었어요.

電

번개 전

부수	雨(비 우)
획수	총 13획
中	电(diàn) 띠엔

'번개 전'은 비가 오는 가운데 번개가 치는 모습을 표현해요.

話

말씀 화

부수	言(말씀 언)
획수	총 13획
中	话(huà) 후아

'말씀 화'는 좋은 말만 하고 나쁜 말을 하면 안된다는 것을 의미해요.

교과서 속 숨은 한자

과학
發 **電**　發 필 발

발전 : 전기를 일으킴

겨울
電 力　力 힘 력

전력 : 전기가 할 수 있는 일의 능력이나 양

안전
充 **電**　充 채울 충

충전 : 배터리에 전기 에너지를 모으는 것

국어
對 **話**　對 대할 대

대화 : 마주 대하여 이야기를 주고받음

가을
通 **話**　通 통할 통

통화 : 전화로 말을 주고 받음

사회
神 **話**　神 귀신 신

신화 : 예로부터 전해지는 신 중심의 이야기

쓰는 순서에 맞게 예쁘게 따라 쓰세요.

총 13획 電電電電電電電電電電電電電

電	電	電				
번개 전						

총 13획 話話話話話話話話話話話話話

話	話	話				
말씀 화						

7 安全正直電話動車記紙

 다음 그림의 알맞은 한자를 찾아 ○표 하세요.

  電 話　　　　  電 話

 다음 밑줄 친 한자의 음을 찾아 번호를 쓰세요.

보기　❶ 통화　❷ 충전　❸ 전력　❹ 대화

01 핸드폰 充電 을 못해서 엄마에게 전화를 못했습니다. ⟶ ☐

02 여름철에는 電力 소비량이 증가합니다. ⟶ ☐

03 이번 달에 핸드폰 通話 료가 많이 나왔습니다. ⟶ ☐

04 가족들 사이에는 對話 가 꼭 필요합니다. ⟶ ☐

꿈 속에서 마**차(車)**를 타고 있는 **동(動)**물 친구들을 보았어요.

부수	力(힘 력)
획수	총 11획
中	动(dòng) 뚱

움직일 동

'움직일 동'은 힘이 있어야 무거운 것을 움직일 수 있다는 의미를 가지고 있어요.

부수	車(수레 거)
획수	총 7획
中	车(chē) 쳐*

수레 차 / 거

'수레 차/거'는 물건을 담거나 사람을 태우는 수레를 그린 모양이에요.

교과서 속 숨은 한자

국어
動 作   作 지을 작

동작 : 몸이나 손발을 움직임

국어
生 動   生 날 생

생동 : 살아 움직임

국어
動 映 像   映 비칠 영
像 모양 상

동영상 : 움직이는 모습을 찍어서 보여주는 것

안전
車 道   道 길 도

차도 : 차가 다니는 길

국어
自 轉 車   自 스스로 자
轉 구를 전

자전거 : 두 발로 바퀴를 돌려 움직이는 탈 것

국어
車 票   票 표 표

차표 : 차를 타기 위해 구입한 표

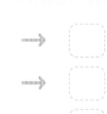

쓰는 순서에 맞게 예쁘게 따라 쓰세요.

| 총 11획 | 動 動 動 動 動 動 動 動 動 動 動 | | | | | |

動	動	動				
움직일 동						

| 총 7획 | 車 車 車 車 車 車 車 | | | | | |

車	車	車				
수레 차 / 거						

다음 한자에 해당하는 음(소리)을 찾아 〇표 하세요.

動   동   차

車   동   거

다음 밑줄 친 단어의 한자를 찾아 번호를 쓰세요.

보기   ❶動作   ❷車道   ❸動映像   ❹自轉車

01 나는 인터넷으로 **동영상** 강의를 들었습니다.   → [ ]

02 재명이는 말은 빠른데 **동작**은 무척 느립니다.   → [ ]

03 나는 일곱 살 때 처음 **자전거** 타는 법을 배웠습니다.   → [ ]

04 **차도** 근처에서는 사소한 장난도 해서는 안 됩니다.   → [ ]

지(紙)폐에는 기(記)록을 하면 안돼요.

記

기록할 기

부수	言(말씀 언)
획수	총 10획
中	记(jì) 지

記　記

'기록할 기'는 말의 실마리를 정리하여 기록한다는 의미를 가지고 있어요.

紙

종이 지

부수	糸(실사변)
획수	총 10획
中	纸(zhǐ) 즈*

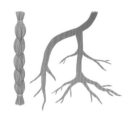

紙　紙

'종이 지'는 실과 같은 섬유질이 얽힌 것을 그린 모양으로 종이라는 의미를 가지고 있어요.

교과서 속 숨은 한자

가을

記 憶　　憶 생각할 억

기억 : 잊지 않고 마음 속에 간직함

국어

記 者　　者 사람 자

기자 : 신문이나 잡지에 글을 쓰는 사람

안전

日 記 帳　　日 날 일 / 帳 장막 장

일기장 : 그날 겪은 일이나 생각, 느낌 따위를 적는 장부

국어

表 紙　　表 겉 표

표지 : 책의 맨 앞뒤의 겉장

여름

圖 畫 紙　　圖 그림 도 / 畫 그림 화

도화지 : 그림을 그리는 데 사용되는 종이

사회

韓 紙　　韓 나라 / 한국 한

한지 : 닥나무 껍질로 만든 종이

쓰는 순서에 맞게 예쁘게 따라 쓰세요.

총 10획 記 記 記 記 記 記 記 記 記 記

記	記	記				
기록할 기						

총 10획 紙 紙 紙 紙 紙 紙 紙 紙 紙 紙

紙	紙	紙				
종이 지						

7

安
全
正
直
電
話
動
車
記
紙

 알맞은 짝을 찾아 선으로 이으세요.

記 ·   · 종이 지 ·   紙

                         · 기록할 기 ·

 다음 밑줄 친 한자의 음을 찾아 번호를 쓰세요.

보기   ❶ 일기장   ❷ 표지   ❸ 기억   ❹ 도화지

01 오래전 일이라 좀처럼 **記憶** 나지 않습니다.   ⟶ ☐

02 아이는 **圖畵紙** 에 크레파스로 그림을 그렸습니다.   ⟶ ☐

03 그날그날 있었던 일을 **日記帳** 에 기록했습니다.   ⟶ ☐

04 친구들 것과 섞이지 않도록 책 **表紙** 안쪽에 이름을 써두었습니다.   ⟶ ☐

연습문제

1 바구니에 다 담지 못한 달걀이 있어요. 어떤 것인지 보기 에서 찾아 빈 바구니 안에 쓰세요.

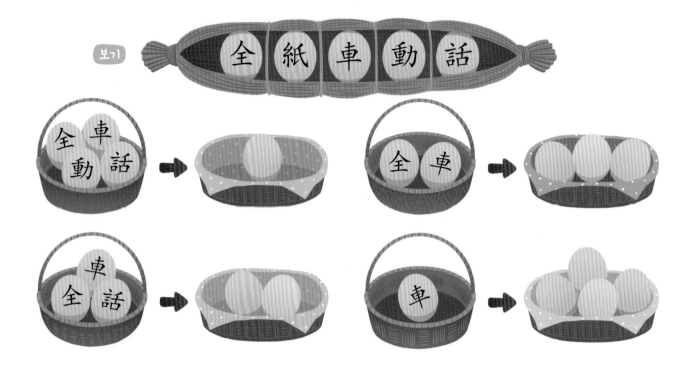

보기 全 紙 車 動 話

2 다음 한자 어원과 관련 있는 글자를 찾아 연결하세요.

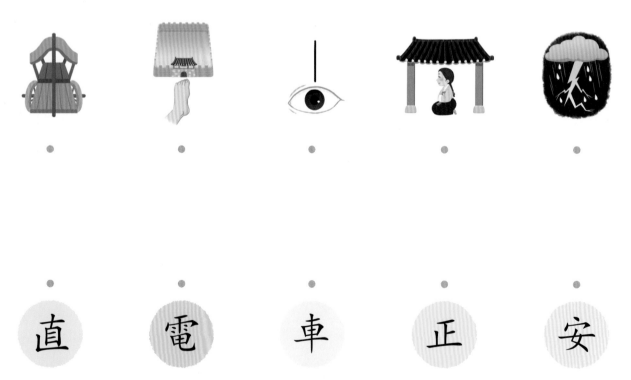

直　電　車　正　安

3 번개에 맞아 한자가 반으로 갈라졌습니다. 한자의 반쪽을 찾아 선으로 이으세요.

7

安 全 正 直 電 話 動 車 記 紙

4 다음 한자어와 관련 있는 것을 찾아 연결하고 해당 한자에 〇표 하세요.

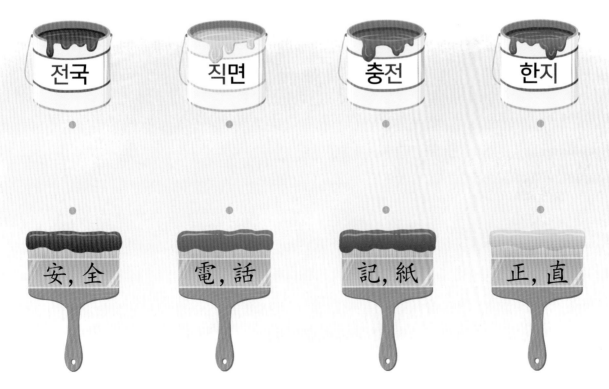

내가 바라는 세상 **129**

1 다음 밑줄 친 한자어의 음(소리)을 쓰세요.

01 메모지에 <u>電話</u>번호를 적어 두었습니다. ☐

02 <u>自動車</u>의 증가로 공기오염이 심해졌습니다. ☐

03 이 책이 우리에게 주는 교훈은 <u>正直</u>하게 살라는 것입니다. ☐

2 다음 한자의 훈(뜻)과 음(소리)을 쓰세요.

01 記 훈_____ 음_____

02 全 훈_____ 음_____

03 直 훈_____ 음_____

04 話 훈_____ 음_____

3 다음 훈(뜻)과 음(소리)에 맞는 한자를 보기 에서 골라 번호를 쓰세요.

보기
❶ 正   ❷ 車   ❸ 動
❹ 紙   ❺ 安   ❻ 東

01 바를 정 ☐   02 움직일 동 ☐

03 편안 안 ☐   04 수레 차/거 ☐

4 다음 뜻에 맞는 한자어를 보기 에서 골라 번호를 쓰세요.

보기
❶ 便紙   ❷ 安全
❸ 日記   ❹ 答紙

01 문제의 해답을 쓰는 종이 ☐

02 위험이 생기거나 사고가 날 염려가 없음 ☐

5 다음 한자의 상대(반대)되는 한자를 보기 에서 골라 번호를 쓰세요.

보기   ❶ 直   ❷ 動   ❸ 西   ❹ 前

01 曲 굽을 곡[5급] ⟷ ☐

6 다음 한자의 진하게 표시한 획은 몇 번째 쓰는지 보기 에서 찾아 그 번호를 쓰세요.

보기
❶ 첫 번째   ❷ 두 번째
❸ 세 번째   ❹ 네 번째
❺ 다섯 번째   ❻ 여섯 번째
❼ 일곱 번째   ❽ 여덟 번째
❾ 아홉 번째   ❿ 열 번째

01 安 ☐   02 車 ☐

1 ▨ 안의 한자의 음(소리)으로 알맞은 것을 찾아 번호를 쓰세요.

01 記 ☐
① 군　② 지　③ 기　④ 직

02 話 ☐
① 어　② 언　③ 화　④ 안

2 ▨ 안의 음(소리)에 맞는 한자를 찾아 번호를 쓰세요.

01 전 ☐
① 全　② 金　③ 正　④ 長

02 동 ☐
① 力　② 動　③ 直　④ 中

3 ▨ 안의 한자어를 바르게 읽은 것을 찾아 번호를 쓰세요.

01 숲속 길을 걸으니 마음이 便安 해집니다. ☐
① 안전　② 편리　③ 편안　④ 초가

02 電子 제품은 우리나라의 주요 수출품 중에 하나입니다. ☐
① 전기　② 전자　③ 모자　④ 제자

4 ▨ 안의 뜻을 가진 한자를 보기 에서 찾아 번호를 쓰세요.

보기　① 安　② 紙　③ 車　④ 記

01 종이 를 접어서 비행기를 만들었습니다. ☐

02 수업 내용을 빠짐없이 기록 해 두었습니다. ☐

5 ▨ 에 들어갈 알맞은 한자를 보기 에서 찾아 번호를 쓰세요.

보기　① 車　② 東　③ 氣　④ 動

01 ▨道 근처에서 공놀이를 하는 것은 매우 위험합니다. ☐

02 그는 주말마다 양로원을 방문하여 봉사 活▨ 을 합니다. ☐

6 ▨ 안의 한자어의 뜻을 찾아 번호를 쓰세요.

正直 〜〜〜 ☐

① 거짓이나 꾸밈 없이 바르고 곧음
② 똑바로 마주 보이는 면
③ 모양 바르게 또박또박 쓴 글자
④ 낮 열두 시

7

安
全
正
直
電
話
動
車
記
紙

 **8**단계

이상한 나라의 나침반

일루아가 넬로 집에 놀러 **오자來**, 파트라슈가 신이 나서 멍멍 짖어요.
나비들은 깜짝 놀라 날아**오르고登**, 새들도 날아서 둥지로 **들어가요入**.
밖으로 **나온出** 할아버지는 아이들을 보면서 **얼굴面**에 미소가 번졌어요.
따스한 햇살 아래서 **마당場**의 탐스러운 호박들도 무럭무럭 자라고 있어요.

場

面

來

登

出

문장 힌트를 읽고 그림 속에 숨은 한자를 찾아봅시다.

| 左 | 右 | 出 | 入 | 平 | 面 | 登 | 場 | 來 | 方 | 內 |

네로와 파트라슈의 우유 수레가 **평평한平** 골목길을 지나고 있어요.
걸을 때마다 **네모난方** 수레에 연결된 방울이 유쾌하게 울려요.
집 **안內**에 있던 동네 사람들이 방울 소리를 듣고 바깥을 내다봤어요.
왼左쪽에 청소하는 아저씨와 **오른右**쪽에 바구니를 든 아주머니가 반갑게 인사해요.

左

內

右

8

左 右 出 入 平 面 登 場 來 方 內

方

平

"플랜더스의 개"는 영국 작가 위다의 소설이에요. 네로는 할아버지와 함께
가난하지만 행복하게 살았어요. 버려진 개 파트라슈를 키우며 깊은 우정도
쌓았지요. 하지만 할아버지가 돌아가시고 화가의 꿈도 이루지 못하게 되자
네로는 파트라슈와 함께 슬픈 죽음을 맞이하게 된다는 이야기에요.

나는 두산 베어스의 **좌(左)**익수와 **우(右)**익수를 좋아해요.

左

부수	工(장인 공)
획수	총 5획
中	左(zuǒ) 주어

왼 좌

'왼 좌'는 공구를 쥐고 있는 왼손을 그린 모양이에요.

右

부수	口(입 구)
획수	총 5획
中	右(yòu) 요우

오른 우

'오른 우'는 음식을 입에 넣는 오른손을 그린 모양이에요.

교과서 속 숨은 한자

국어

左 右

좌우 : 왼쪽과 오른쪽

가을

右 回 轉
回 돌아올 회
轉 구를 전

우회전 : 오른쪽으로 돎

안전

左 側
側 곁 측

좌측 : 왼쪽

사회

右 議 政
議 의논할 의
政 정사 정

우의정 : 조선시대의 벼슬이름

국어

左 向 左
向 향할 향

좌향좌 : 몸을 왼쪽으로 돌아서는 동작

안전

右 側
側 곁 측

우측 : 오른쪽

쓰는 순서에 맞게 예쁘게 따라 쓰세요.

총 5획 左 左 左 左 左

左	左	左				
왼 좌						

총 5획 右 右 右 右 右

右	右	右				
오른 우						

 알맞은 짝을 찾아 선으로 이으세요.

왼 좌 •　　　　　• 右 •　　　　　

오른 우 •　　　　　• 左 •

 다음 밑줄 친 단어의 한자를 찾아 번호를 쓰세요.

보기　　　❶ 右回轉　　❷ 左右　　❸ 左側　　❹ 右側

01 나의 시력은 <u>좌우</u> 모두 1.5입니다.　　　⟶

02 횡단 보도를 건널 때에는 <u>우측</u>통행을 해야 합니다.　　⟶

03 앞에 보이는 신호등에서 <u>우회전</u>하면 도착합니다.　　⟶

04 <u>좌측</u> 대뇌는 우측 신체의 근육, 예를 들면 오른팔을 움직입니다.　⟶

우리 아파트 주차장은 출(出)구와 입(入)구가 나누어져 있어요.

出

날 출

부수 凵(위튼입구몸)

획수 총 5획

中 出(chū) 츄*

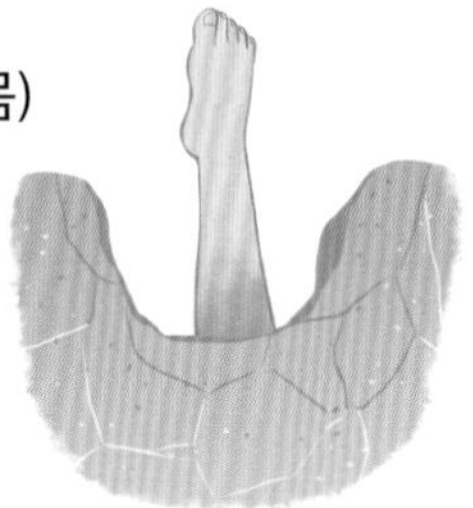

'날 출'은 동굴에서 나오는 발을 그린 모양이에요.

入

들 입

부수 入(들 입)

획수 총 2획

中 入(rù) 루*

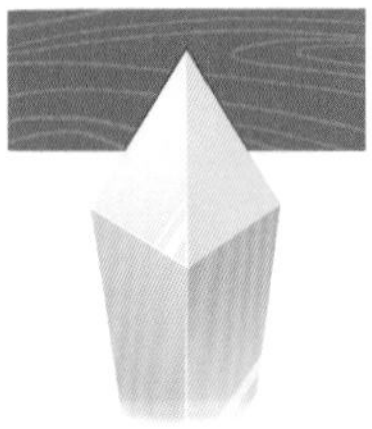

'들 입'은 은 뾰족한 삼각형 모양으로 칼끝이나 화살이 들어가는 것을 그린 모양이에요.

교과서 속 숨은 한자

봄

日 出 日 날 일

일출 : 해가 떠오름

여름

外 出 外 바깥 외

외출 : 집 밖으로 잠시 나감

봄

出 生 生 날 생

출생 : 아이가 태어남

국어

入 金 金 쇠 금

입금 : 통장에 돈을 넣음

수학

入 場 場 마당 장

입장 : 어떤 장소로 들어감

국어

入 院 院 집 원

입원 : 병을 고치기 위해 병원으로 들어감

쓰는 순서에 맞게 예쁘게 따라 쓰세요.

총 5획	凵 屮 屮 出 出						
出	出	出					
날 출							

총 2획	人 入						
入	入	入					
들 입							

다음 한자의 훈(뜻)과 음(소리)을 쓰세요.

出 훈 _____ 음 _____

入 훈 _____ 음 _____

다음 밑줄 친 한자의 음을 찾아 번호를 쓰세요.

보기 ❶ 입원 ❷ 일출 ❸ 입장 ❹ 출생

01 산 정상에서 바라본 <u>日 出</u>은 장엄하고도 아름답습니다. ⟶

02 이 책은 김구 선생의 <u>出 生</u>부터 사망까지를 다루고 있습니다. ⟶

03 올림픽 개막식에서 참가국들이 알파벳순으로 <u>入 場</u>하였습니다. ⟶

04 친구가 <u>入 院</u>했다는 연락을 받고는 바로 병원으로 달려갔습니다. ⟶

평(平)소에는 복면(面)을 써본 적이 없어요.

평평할 평

부수	干(방패 간)
획수	총 5획
中	平(píng) 핑

'평평할 평'은 숨을 고르고 편안하게 쉬는 것을 그린 모양이에요.

낮 면

부수	面(낮 면)
획수	총 9획
中	面(miàn) 미앤

'낮 면'은 얼굴 윤곽과 눈을 그린 모양으로 얼굴이라는 의미를 가지고 있어요.

교과서 속 숨은 한자

 수학

公 平　　公 공평할 공

공평 : 한쪽으로 치우치지 않음

 국어

平 和　　和 화할 화

평화 : 전쟁이나 다툼이 없이 조용함

 국어

平 日　　日 날 일

평일 : 휴일이 아닌 보통 날

 사회

三 面　　三 석 삼

삼면 : 세 방면

 수학

平 面

평면 : 평평한 표면

 국어

假 面　　 假 거짓 가

가면 : 탈

쓰는 순서에 맞게 예쁘게 따라 쓰세요.

총 5획 平 平 平 平 平

平	平	平				
평평할 평						

총 9획 面 面 面 面 面 面 面 面 面

面	面	面				
낮 면						

左 右 出 入 平 面 登 場 來 方 內

 다음 그림의 알맞은 한자를 찾아 ◯표 하세요.

 다음 밑줄 친 단어의 한자를 찾아 번호를 쓰세요.

보기   ❶ 平和   ❷ 公平   ❸ 假面   ❹ 三面

01 할로윈 파티에 쓸 **가면**을 직접 만들었습니다.   →

02 우리나라는 **삼면**이 바다로 둘러싸여 있습니다.   →

03 법은 누구에게나 **공평**하게 적용되어야 합니다.   →

04 폭력적인 방법으로는 **평화**를 이룰 수 없습니다.   →

登

부수	癶(필발머리)
획수	총 12획
中	登(dēng) 떵

오를 등

'오를 등'은 양손으로 제기를 들고 제단으로 올라가는 사람을 그린 모양이에요.

場

부수	土(흙 토)
획수	총 12획
中	场(cháng) 챵*

마당 장

'마당 장'은 햇볕이 내리쬐는 평평한 땅을 그린 모양으로 마당과 같은 넓은 장소라는 의미를 가지고 있어요.

교과서 속 숨은 한자

登 校
校 학교 교

등교 : 학교에 감

登 場

등장 : 무대에 올라감

登 錄
錄 기록할 록

등록 : 문서에 이름을 올림

立 場
立 설 립   * '立'이 단어 첫머리에 올 때는 '입'으로 읽어요.

입장 : 당면하고 있는 상황

場 面
面 낯 면

장면 : 어떤 곳에서 일이 벌어지는 모양

運 動 場
運 옮길 운
動 움직일 동

운동장 : 운동을 하는 마당

쓰는 순서에 맞게 예쁘게 따라 쓰세요.

총12획 登 登 登 登 登 登 登 登 登 登 登 登

登	登	登				
오를 등						

총12획 場 場 場 場 場 場 場 場 場 場 場 場

場	場	場				
마당 장						

 다음 한자에 해당하는 음(소리)을 찾아 ○표 하세요.

 登 등 ┊ 장    場 등 ┊ 장

 다음 밑줄 친 한자의 음을 찾아 번호를 쓰세요.

보기   ❶ 등록   ❷ 운동장   ❸ 등교   ❹ 장면

01 오늘은 1학년이 된 현석이가 첫 登校하는 날입니다. ⟶ ☐

02 공포 영화를 본 후, 무서운 場面이 계속 생각이 났습니다. ⟶ ☐

03 만 17세가 되면 주민登錄증을 발급받을 수 있습니다. ⟶ ☐

04 수업을 마친 뒤, 運動場에 모여 축구를 했습니다. ⟶ ☐

8

左 右 出 入 平 面 登 場 來 方 內

내(來)일 그 문제에 대한 해결 방(方)안이 나올 예정이에요.

올 래

부수	人(사람 인)
획수	총 8획
中	来(lái) 라이

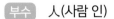

'올 래'는 자라나는 보리를 그린 모양으로 나중에 오다라는 의미를 가지게 되었어요.

모 방

부수	方(모 방)
획수	총 4획
中	方(fāng) 팡*

'모 방'은 칼자루에 달린 칼을 그린 모양으로 나중에 방향을 표현하게 되었어요.

교과서 속 숨은 한자

봄

傳 전할 전

전래 : 옛날부터 전해져 내려오는 것

여름

* '來'가 단어 첫머리에 올 때는 '내'로 읽어요.
日 날 일

내일 : 다음 날

봄

未 아닐 미

미래 : 앞으로 올 날

수학

向 향할 향

방향 : 어떤 것이 향하는 쪽

안전

四 넉 사

사방 : 동서남북의 네 방위

수학

法 법 법

방법 : 일을 하는 방식

쓰는 순서에 맞게 예쁘게 따라 쓰세요.

총 8획	來 來 來 來 來 來 來 來					
來 올 래	來	來				

총 4획	方 方 方 方					
方 모 방	方	方				

 알맞은 짝을 찾아 선으로 이으세요.

來 ·

· 올 래 ·

· 모 방 ·

· 方

 다음 밑줄 친 단어의 한자를 찾아 번호를 쓰세요.

보기   ❶ 傳來   ❷ 方向   ❸ 未來   ❹ 方法

01 여러분은 이 나라를 짊어질 <u>미래</u>의 주인공입니다.   ⟶ ☐

02 독서는 간접 경험의 가장 좋은 <u>방법</u>입니다.   ⟶ ☐

03 강강술래는 서로 손을 잡고 원을 그리며 뛰노는 <u>전래</u> 놀이입니다.   ⟶ ☐

04 길을 잘못 들어 <u>방향</u>을 잃고 한참을 헤맸습니다.   ⟶ ☐

8
左
右
出
入
平
面
登
場
來
方
內

내(內)부를 예쁘게 꾸며 보았어요.

안 내

부수	入(들 입)
획수	총 4획
中	內(nèi) 네이

內 內 內 內

'안 내'는 가옥의 내부를 그린 모양으로 안, 내부라는 의미를 가지고 있어요.

외유내강 外 柔 內 剛
바깥 외　부드러울 유　안 내　굳셀 강

＊겉으로는 부드럽게 보이지만 속으로는 꿋꿋하고 강인하다.

교과서 속 숨은 한자

겨울

室 內　　室 집 실

실내 : 방이나 건물의 안

국어

內 外　　外 바깥 외

내외 : 안과 밖

국어

內 容　　容 얼굴 용

내용 : 안에 들어 있는 것

내(內)부를 예쁘게 꾸며 보았어요.

쓰는 순서에 맞게 예쁘게 따라 쓰세요.

총4획   內 內 內 內

內	內	內				
안 내						

다음 한자의 훈(뜻)과 음(소리)을 쓰세요.

內 → 內 훈 _____ 음 _____

다음 한자에 해당하는 그림과 음을 찾아 연결하세요.

內

내

입

다음 밑줄 친 한자의 음을 찾아 번호를 쓰세요.

보기   ❶ 내용   ❷ 내외   ❸ 실내

01 室內 수영장에서는 수영모를 꼭 써야 합니다.   →

02 나는 방과 후 집에 와서 오늘 배운 內容을 복습했습니다.   →

03 감상문의 분량은 이백자 원고지 다섯장 內外 입니다.   →

연습문제

1 다음 파트리슈의 모습을 보고, 알맞은 한자의 수를 세어 빈칸에 쓰세요.

左 右 出 入

2 다음 한자 어원과 관련 있는 글자를 찾아 연결하세요.

右　方　來　場　左

3 다음 한자가 만나면 어떤 한자가 될까요? 빈칸에 써보세요.

보기

8

左 右 出 入 平 面 登 場 來 方 內

4 토끼가 양궁 경기를 하고 있습니다. 알맞은 한자의 과녁으로 선을 이으세요.

사방   등록   입금   평화

平   方   登   入

1 다음 밑줄 친 한자어의 음(소리)을 쓰세요.

01 고사장 <u>入室</u> 시간은 9시입니다.

02 <u>來日</u>부터 새 학기에 들어갑니다.

03 날씨가 따뜻해서 <u>登山</u>하기 좋습니다.

2 다음 한자의 훈(뜻)과 음(소리)을 쓰세요.

01 右 훈_____ 음_____

02 場 훈_____ 음_____

03 面 훈_____ 음_____

04 方 훈_____ 음_____

3 다음 훈(뜻)과 음(소리)에 맞는 한자를 보기 에서 골라 번호를 쓰세요.

보기 ❶左 ❷登 ❸午
　　 ❹前 ❺內 ❻出

01 날 출 ☐　　02 오를 등 ☐

03 안 내 ☐　　04 왼 좌 ☐

4 다음 뜻에 맞는 한자어를 보기 에서 골라 번호를 쓰세요.

보기 ❶平年 ❷來年
　　 ❸場面 ❹方面

01 올해의 다음 해 ☐

02 어떤 장소에서 겉으로 드러난 면이나 벌어진 광경 ☐

5 다음 한자의 상대(반대)되는 한자를 보기 에서 골라 번호를 쓰세요.

보기 ❶內 ❷右 ❸出 ❹來

01 ☐ ⟷ 入

02 左 ⟷ ☐

6 다음 한자의 진하게 표시한 획은 몇 번째 쓰는지 보기 에서 찾아 그 번호를 쓰세요.

보기
❶ 첫 번째　　❷ 두 번째
❸ 세 번째　　❹ 네 번째
❺ 다섯 번째　❻ 여섯 번째
❼ 일곱 번째　❽ 여덟 번째
❾ 아홉 번째　❿ 열 번째

01 方 ☐　　02 左 ☐

1 ▨ 안의 한자의 음(소리)으로 알맞은 것을 찾아 번호를 쓰세요.

01 **右** ☐
   ❶ 방   ❷ 좌   ❸ 우   ❹ 오

02 **入** ☐
   ❶ 입   ❷ 장   ❸ 인   ❹ 등

2 ▨ 안의 음(소리)에 맞는 한자를 찾아 번호를 쓰세요.

01 **내** ☐
   ❶ 左   ❷ 生   ❸ 內   ❹ 夕

02 **출** ☐
   ❶ 山   ❷ 出   ❸ 平   ❹ 先

3 ▨ 안의 한자어를 바르게 읽은 것을 찾아 번호를 쓰세요.

01 **登場** 인물의 대화를 통해 작가의 생각을 엿볼 수 있습니다. ☐
   ❶ 등장   ❷ 장면   ❸ 장내   ❹ 등산

02 옛날 과학자들은 지구가 **平面** 이라고 생각했습니다. ☐
   ❶ 평등   ❷ 방면   ❸ 평면   ❹ 평방

4 ▨ 안의 뜻을 가진 한자를 〈보기〉 에서 찾아 번호를 쓰세요.

〈보기〉 ❶ 左 ❷ 右 ❸ 內 ❹ 西

01 앞머리를 빗어 **왼쪽** 으로 넘겼습니다. ☐

02 내가 찬 공이 골문 **안** 으로 들어갔습니다. ☐

5 ▨ 에 들어갈 알맞은 한자를 〈보기〉 에서 찾아 번호를 쓰세요.

〈보기〉 ❶ 方 ❷ 來 ❸ 登 ❹ 內

01 그들은 四 ▨ 으로 흩어져 도망쳤습니다. ☐

02 오늘 할 일을 ▨ 日 로 미루지 맙시다. ☐

6 ▨ 안의 한자어의 뜻을 찾아 번호를 쓰세요.

內面 〜〜〜 ☐
❶ 벌어진 일의 모양
❷ 평평한 표면
❸ 물건의 안쪽
❹ 어느 곳을 드나듦

샘솟는 한자보따리

달나라로 보낼 크고 무거운重 포탄이 드디어 완성되었어요.
포탄 앞에 멋진 팻말을 세우고立 완성을 축하하는 노래歌를 불러요.
반짝반짝 빛色이 나는 포탄 위로 화려한 깃발旗들이 펄럭이고 있어요.

달나라행 포탄
-대포클럽-

문장 힌트를 읽고 그림 속에 숨은 한자를 찾아봅시다.

事 物 有 色 同 重 休 歌 旗 立

일事꾼들은 부지런히 포탄 내부도 수리하고 짐도 날랐어요.

아르당은 집에 있는有 많은 예술 작품을 가져와서 포탄에 실었어요.

잠깐 쉬고休 있는데 바비케인이 와서 같은同 물건이 너무 많다고 투덜대요.

여러분은 달나라에 가게 된다면 어떤 물건物들을 가져가고 싶나요?

"지구에서 달까지"는 프랑스 작가 쥘 베른의 과학소설이에요. 바비케인은 우여곡절 끝에 달나라행 포탄을 완성했어요. 하지만 포탄은 달에 도달하지 못하고 주위를 도는 위성이 되고 말아요. 작가는 소설을 통해서 미래를 내다보는 과학적 사실들과 당시 미국의 모습을 보여주고 있어요.

아빠는 물(**物**)건을 판매하는 사(**事**)업을 하십니다.

事
일 사

부수 亅 (갈고리궐)
획수 총 8획
中 事(shì) 스*

'일 사'는 도구를 쥐고 있는 손을 그린 모양으로 일이라는 의미를 가지고 있어요.

物
물건 물

부수 牛(소 우)
획수 총 8획
中 物(wù) 우

'물건 물'은 소를 도축하고 있는 것을 그린 모양으로 제품, 상품, 물건이라는 의미를 가지고 있어요.

교과서 속 숨은 한자

가을

行 **事**
行 다닐 행

행사 : 어떤 일을 함

국어

食 **事**
食 밥 식

식사 : 아침, 점심, 저녁 밥을 먹는 일

안전

事 故
故 연고 고

사고 : 갑자기 일어난 나쁜 일

국어

人 **物**
人 사람 인

인물 : 사람

국어

物 體
體 몸 체

물체 : 물건의 형체

가을

障 碍 **物**
障 막을 장
碍 거리낄 애

장애물 : 거슬리거나 방해가 되는 물건

쓰는 순서에 맞게 예쁘게 따라 쓰세요.

총 8획 事 事 事 事 亭 亭 事 事

事	事	事				
일 사						

총 8획 物 物 物 物 物 物 物 物

物	物	物				
물건 물						

 알맞은 짝을 찾아 선으로 이으세요.

물건 물　•　　　•　事　•　　　•

일 사　•　　　•　物　•　　　•

 다음 밑줄 친 한자의 음을 찾아 번호를 쓰세요.

보기　　　❶ 식사　　❷ 물체　　❸ 장애물　　❹ 행사

01　비가 와서 결국 行事가 취소되었습니다.　→ ◻

02　우리는 부엌에 가서 食事 준비를 도왔습니다.　→ ◻

03　승혜는 떠 있는 흰 物體가 귀신인 줄 알고 급히 달아났습니다.　→ ◻

04　그의 앞에는 넘어야 할 障碍物이 아직도 많이 있습니다.　→ ◻

반고흐는 유(有)명한 노란 색(色)채의 화가예요.

有		
	부수	月(달 월)
	획수	총 6획
	中	有(yǒu) 요우

있을 유

'있을 유'는 고기를 쥐고 있는 손을 그린 모양이에요.

色		
	부수	色(빛 색)
	획수	총 6획
	中	色(sè) 쓰어

빛 색

'빛 색'은 나란히 앉은 두 사람의 빛나는 얼굴을 그린 모양이에요.

교과서 속 숨은 한자

국어

有 利 — 利 이로울 리

유리 : 이익이 있음

봄

有 名 — 名 이름 명

유명 : 이름이 널리 알려짐

봄

固 有 — 固 굳을 고

고유 : 처음부터 가지고 있는 특별한 것

국어

生 色 — 生 날 생

생색 : 다른 사람에게 지나치게 자랑함

수학

金 色 — 金 쇠 금

금색 : 황금처럼 누런 색

봄

色 漆 — 漆 옻 칠

색칠 : 색을 칠함

쓰는 순서에 맞게 예쁘게 따라 쓰세요.

총6획 有 有 有 有 有 有

有	有	有				

있을 유

총6획 色 色 色 色 色 色

色	色	色				

빛 색

 다음 한자의 훈(뜻)과 음(소리)을 쓰세요.

有 훈 ____ 음 ____

色 훈 ____ 음 ____

 다음 밑줄 친 단어의 한자를 찾아 번호를 쓰세요.

보기   ❶ 有利   ❷ 色漆   ❸ 有名   ❹ 生色

01 이번 콘서트에는 <u>유명</u>한 가수들이 많이 참석했습니다.   ⇒ ▢

02 청소는 내가 다 했는데, <u>생색</u>은 언니가 냈습니다.   ⇒ ▢

03 상황이 우리에게 <u>유리</u>한 방향으로 바뀌었습니다.   ⇒ ▢

04 아이들은 <u>색칠</u> 놀이를 통해 색의 혼합을 배울 수 있습니다.   ⇒ ▢

9

事
物
有
色
同
重
休
歌
旗
立

同

한가지 동

부수 口(입 구)

획수 총 6획

中 同(tóng) 퉁

'한가지 동'은 모든 사람이 하나의 목소리로 소리를 내는 것을 의미해요.

重

무거울 중

부수 里(마을 리)

획수 총 9획

中 重(zhòng) 쫑*

'무거울 중'은 끈으로 사방을 동여맨 보따리를 메고 있는 사람을 그린 모양이에요.

교과서 속 숨은 한자

수학

 一

一 한 일

동일 : 똑같음

국어

同 時

時 때 시

동시 : 같은 때

여름

共

共 함께 공

공동 : 여럿이 함께

과학

重 力

力 힘 력

중력 : 지구 위의 물체가 지구로부터 받는 힘

국어

所

所 바 소

소중 : 귀중하고 꼭 필요함

봄

體 重

體 몸 체

체중 : 몸무게

쓰는 순서에 맞게 예쁘게 따라 쓰세요.

총6획 同 同 同 同 同 同

同	同	同				
한가지 동						

총9획 重 重 重 重 重 重 重 重 重

重	重	重				
무거울 중						

9

事
物
有
色
同
重
休
歌
旗
立

다음 그림의 알맞은 한자를 찾아 ○표 하세요.

다음 밑줄 친 한자의 음을 찾아 번호를 쓰세요.

보기   ❶ 동일   ❷ 중력   ❸ 소중   ❹ 동시

01 '시간은 금이다.'라는 말은 시간의 <u>所重</u>함을 가르치는 말입니다. →

02 선생님의 질문에 나와 수지는 <u>同時</u>에 대답했습니다. →

03 세계 어디에서나 <u>同一</u>한 수준의 서비스를 받을 수 있습니다. →

04 우리는 <u>重力</u>의 힘을 거스를 수 없습니다. →

우리 학교의 **휴(休)**게실에 가면 **가(歌)**곡을 들을 수 있어요.

休

쉴 휴

부수	亻(사람인변)
획수	총 6획
中	休(xiū) 씨우

休 休 休 休

'쉴 휴'는 나무에 기대어 쉬고 있는 사람을 그린 모양이에요.

歌

노래 가

부수	欠(하품 흠)
획수	총 14획
中	歌(gē) 끄어

訶 歌 歌

'노래 가'는 입을 벌리고 노래를 부르는 사람을 그린 모양이에요.

교과서 속 숨은 한자

여름
休 紙
紙 종이 지

휴지 : 쓸모가 없어진 종이

국어
休 日
日 날 일

휴일 : 쉬는 날

여름
休 暇
暇 겨를 가

휴가 : 일을 멈추고 쉼

국어
校 歌
校 학교 교

교가 : 학교를 나타내는 노래

여름
歌 謠
謠 노래 요

가요 : 많은 사람들이 즐겨 부르는 노래

여름
祝 歌
祝 빌 축

축가 : 축하의 의미로 부르는 노래

쓰는 순서에 맞게 예쁘게 따라 쓰세요.

총 6획 休 休 休 休 休 休

休	休	休				
쉴 휴						

총 14획 歌 歌 歌 歌 歌 歌 歌 歌 歌 歌 歌 歌 歌 歌

歌	歌	歌				
노래 가						

다음 한자에 해당하는 음(소리)을 찾아 ○표 하세요.

 休 　휴 　가　　　　 歌 　휴 　가

다음 밑줄 친 단어의 한자를 찾아 번호를 쓰세요.

보기　　　❶休日　　❷校歌　　❸休紙　　❹祝歌

01 나는 큰오빠 결혼식을 축하하기 위해 **축가**를 준비했습니다.

02 갑자기 코피가 나서 **휴지**로 코를 막았습니다.

03 우리 가족은 이번 **휴일**에 가까운 공원으로 놀러 가기로 했습니다.

04 아빠는 아직도 초등학교의 **교가**를 기억하고 계십니다.

9

事 物 有 色 同 重 休 歌 旗 立

국기(旗)가 계양되자, 모두 기립(立)하여 박수를 쳤어요.

旗

부수	方(모 방)
획수	총 14획
中	旗(qí) 치

기 기

'기 기'는 휘날리는 깃발을 그린 모양이에요.

立

부수	立(설 립)
획수	총 5획
中	立(lì) 리

설 립

'설 립'은 두 팔을 벌리고 땅 위에 서 있는 사람을 그린 모양이에요.

교과서 속 숨은 한자

사회

國 旗   國 나라 국

국기 : 나라를 상징하는 깃발

수학

太 極 旗   太 클 태
極 다할 극

태극기 : 우리나라의 국기

국어

白 旗   白 흰 백

백기 : 흰 깃발, 싸움에서 졌다는 표시의 깃발

겨울

獨 立   獨 홀로 독

독립 : 남의 지배를 받지 않고 홀로 섬

국어

自 立   自 스스로 자

자립 : 스스로 일어 섬

겨울

國 立   國 나라 국

국립 : 나라에서 세우고 관리함

쓰는 순서에 맞게 예쁘게 따라 쓰세요.

총14획 旗 旗 旗 旗 旗 旗 旗 旅 旗 旗 旗 旗 旗 旗

旗	旗	旗				
기 기						

총5획 立 立 立 立 立

立	立	立				
설 립						

 알맞은 짝을 찾아 선으로 이으세요.

旗 •

• 기 기 •

• 설 립 •

• 立

 다음 밑줄 친 한자의 음을 찾아 번호를 쓰세요.

보기   ❶ 자립   ❷ 독립   ❸ 백기   ❹ 태극기

01 사람들은 손에 태극기를 들고 대한 獨立 만세를 외쳤습니다. ⟶

02 나는 친구와의 게임에서 궁지에 몰리자 결국 白旗를 들었습니다. ⟶

03 선수들은 금메달을 목에 걸고 太極旗를 향해 경례하였습니다. ⟶

04 언니는 경제적으로 自立하기 위해서 취직을 준비했습니다. ⟶

9

事
物
有
色
同
重
休
歌
旗
立

1 바비케인이 포탄을 달나라로 보내려고 합니다. 한자와 훈과 음이 바르게 적힌 곳을 따라가면 길이 나와요.

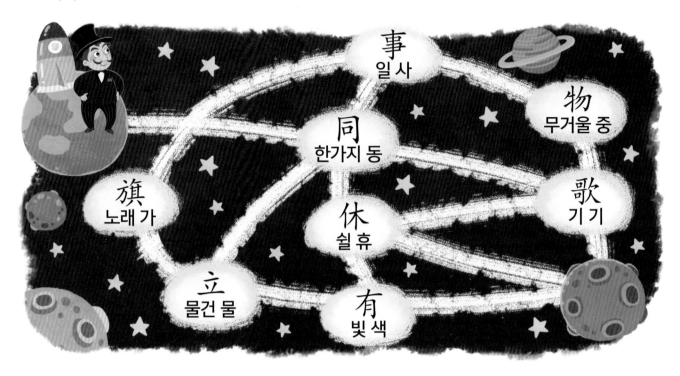

2 다음 한자 어원과 관련 있는 글자를 찾아 연결하세요.

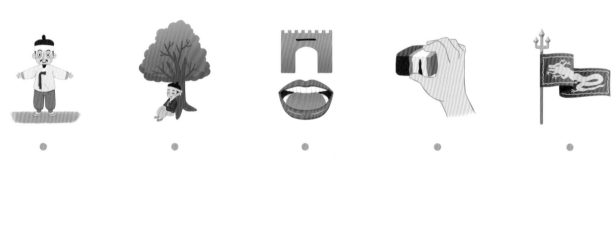

休　　有　　立　　旗　　同

3 다음 훈(뜻)과 알맞은 한자를 연결하세요.

4 다음 한자어와 관련 있는 골대를 찾아 연결하고, 해당 한자에 ○표 하세요.

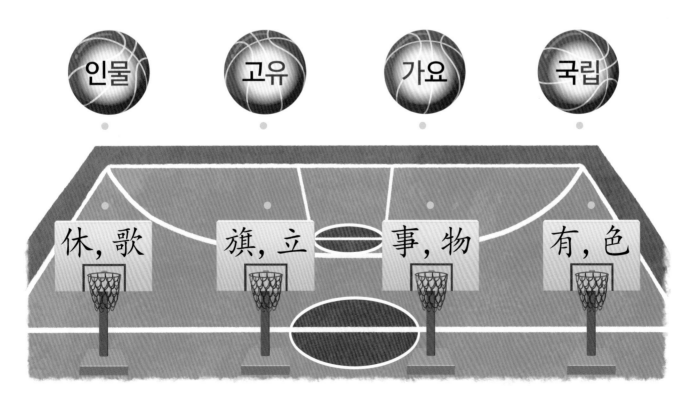

9

事
物
有
色
同
重
休
歌
旗
立

1 다음 밑줄 친 한자어의 음(소리)을 쓰세요.

01 수정이는 **事物**에 대한 관찰력이 뛰어납니다. ☐

02 백인이나 **有色**인이나 똑같이 귀중한 사람입니다. ☐

03 **歌手**가 무대에 오르자 팬들이 환호성을 질렀습니다. ☐

2 다음 한자의 훈(뜻)과 음(소리)을 쓰세요.

01 休 훈 _____ 음 _____

02 重 훈 _____ 음 _____

03 色 훈 _____ 음 _____

04 同 훈 _____ 음 _____

3 다음 훈(뜻)과 음(소리)에 맞는 한자를 보기 에서 골라 번호를 쓰세요.

보기   ❶ 有   ❷ 右   ❸ 物
      ❹ 歌   ❺ 正   ❻ 立

01 물건 물 ☐   02 설 립 ☐

03 노래 가 ☐   04 있을 유 ☐

4 다음 뜻에 맞는 한자어를 보기 에서 골라 번호를 쓰세요.

보기   ❶ 休紙   ❷ 時間
      ❸ 色紙   ❹ 同時

01 쓸모없는 종이 ☐

02 같은 때나 시기 ☐

5 다음 한자의 상대(반대)되는 한자를 보기 에서 골라 번호를 쓰세요.

보기   ❶ 有   ❷ 同   ❸ 重   ❹ 物

01 ☐ ⟷ 無 없을 무[5급]

02 輕 가벼울 경[5급] ⟷ ☐

6 다음 한자의 진하게 표시한 획은 몇 번째 쓰는지 보기 에서 찾아 그 번호를 쓰세요.

보기   ❶ 첫 번째   ❷ 두 번째
      ❸ 세 번째   ❹ 네 번째
      ❺ 다섯 번째   ❻ 여섯 번째
      ❼ 일곱 번째   ❽ 여덟 번째
      ❾ 아홉 번째   ❿ 열 번째

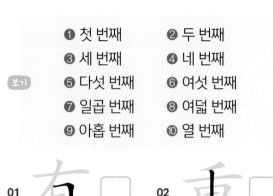

01 有 ☐   02 重 ☐

1 ▨ 안의 한자의 음(소리)으로 알맞은 것을 찾아 번호를 쓰세요.

01 色 ☐

❶ 색　　❷ 읍　　❸ 입　　❹ 가

02 立 ☐

❶ 대　　❷ 립　　❸ 문　　❹ 동

2 안의 음(소리)에 맞는 한자를 찾아 번호를 쓰세요.

01 사 ☐

❶ 東　　❷ 車　　❸ 旗　　❹ 事

02 휴 ☐

❶ 木　　❷ 休　　❸ 内　　❹ 天

3 ▨ 안의 한자어를 바르게 읽은 것을 찾아 번호를 쓰세요.

01 서연이는 나의 가장 *所重* 한 친구입니다. ☐

❶ 소중　　❷ 사물　　❸ 정직　　❹ 동색

02 가족들과 함께 **動物** 원에 구경을 갔습니다. ☐

❶ 중력　　❷ 식물　　❸ 동력　　❹ 동물

4 안의 뜻을 가진 한자를 [보기]에서 찾아 번호를 쓰세요.

[보기]　❶ 事　❷ 旗　❸ 重　❹ 歌

01 사람들은 **깃발** 을 날리며 환호성을 질렀습니다. ☐

02 피아노 반주에 맞추어 **노래** 를 부릅니다. ☐

5 ▨ 에 들어갈 알맞은 한자를 [보기]에서 찾아 번호를 쓰세요.

[보기]　❶ 同　❷ 月　❸ 洞　❹ 有

01 제주도는 귤 생산지로 ▨ 名합니다. ☐

02 두 사람이 거의 ▨ 時에 결승점에 들어왔습니다. ☐

6 안의 한자어의 뜻을 찾아 번호를 쓰세요.

自立 ～～～ ☐

❶ 어느 쪽에도 치우치지 않고 공정함
❷ 나라에서 세움
❸ 남에게 의지하지 않고 스스로 섬
❹ 자신에게 스스로 물어봄

진흥회 속 교과서 한자

計算 계산
| 計 | 부수 言 / 획수 9 | 셀 계 |
| 算 | 부수 ⺮ / 획수 14 | 셈 산 |

수를 헤아림. 값을 치름.

文法 문법
| 文 | 부수 文 / 획수 4 | 글월 문 |
| 法 | 부수 氵 / 획수 8 | 법 법 |

말의 구성 및 운용상의 규칙.

計劃 계획
| 計 | 부수 言 / 획수 9 | 셀 계 |
| 劃 | 부수 刂 / 획수 14 | 그을 획 |

앞으로 할 일의 절차, 방법, 규모 따위를 미리 헤아려 작정함.

民俗 민속
| 民 | 부수 氏 / 획수 5 | 백성 민 |
| 俗 | 부수 亻 / 획수 9 | 풍속 속 |

민간에 전하여 내려오는 각 지방의 생활과 풍속.

敎室 교실
| 敎 | 부수 攵 / 획수 11 | 가르칠 교 |
| 室 | 부수 宀 / 획수 9 | 집 실 |

유치원, 초등학교, 중·고등학교에서 학습 활동이 이루어지는 방.

發音 발음
| 發 | 부수 癶 / 획수 12 | 필 발 |
| 音 | 부수 音 / 획수 9 | 소리 음 |

사람의 말소리. 억양, 높낮이.

規則 규칙
| 規 | 부수 見 / 획수 11 | 법 규 |
| 則 | 부수 刂 / 획수 9 | 법칙 칙 |

여러 사람이 다 같이 지키기로 작정한 법칙.

方法 방법
| 方 | 부수 方 / 획수 4 | 모 방 |
| 法 | 부수 氵 / 획수 8 | 법 법 |

어떤 일을 해나가거나 목적을 이루기 위하여 취하는 수단이나 방식.

模型 모형
| 模 | 부수 木 / 획수 15 | 본뜰 모 |
| 型 | 부수 土 / 획수 9 | 모형 형 |

모양이 같은 물건을 만들기 위한 틀. 실물을 모방하여 만든 물건.

配列 배열
| 配 | 부수 酉 / 획수 10 | 나눌 배 |
| 列 | 부수 刂 / 획수 6 | 벌일 렬 |

일정한 차례나 간격에 따라 벌여 놓음.

邊 변	邊 부수 辶 획수 19 가 변		線 선	線 부수 糸 획수 15 줄 선	

물체나 장소 따위의 가장자리. 다각형을 이루는 각 선분.

그어 놓은 금이나 줄.

符號 부호	符 부수 竹 획수 11 부호 부	號 부수 虍 획수 13 이름 호

일정한 뜻을 나타내기 위하여 따로 정하여 쓰는 기호. (+, −, ×, ÷)

善心 선심	善 부수 口 획수 12 착할 선	心 부수 心 획수 4 마음 심

선량한 마음. 남에게 베푸는 후한 마음. 호의.

分明 분명	分 부수 刀 획수 4 나눌 분	明 부수 日 획수 8 밝을 명

틀림없이 확실하게. 분명하다 : 어떤 사실이 틀림이 없이 확실하다.

詩 시	詩 부수 言 획수 13 시 시

문학의 한 장르. 자연이나 일상의 감흥과 사상을 언어로 표현한 글. 정형시. 자유시.

三角形 삼각형	三 ─ 3 석 삼	角 角 7 뿔 각	形 彡 7 모양 형

세 개의 선분으로 둘러싸인 평면 도형. 세모.

時間 시간	時 부수 日 획수 10 때 시	間 부수 門 획수 12 사이 간

어떤 시각에서 어떤 시각까지의 사이.

想像 상상	想 부수 心 획수 13 생각 상	像 부수 亻 획수 14 모양 상

실제로 경험하지 않은 현상이나 사물에 대하여 마음속으로 그려 봄.

時計 시계	時 부수 日 획수 10 때 시	計 부수 言 획수 9 셀 계

시간을 재거나 시각을 나타내는 기계나 장치를 통틀어 이르는 말.

진흥회 속 교과서 한자

式
식

式 _{부수} 弋 _{획수} 6
법 식

일정한 전례, 표준 또는 규정. 의식, 예식, 의례.

午前
오전

午 _{부수} 彳 _{획수} 7
낮 오

前 _{부수} 刂 _{획수} 12
앞 전

자정부터 낮 열두 시까지의 시간. 해가 뜰 때부터 정오까지의 시간.

信號
신호

信 _{부수} 亻 _{획수} 9
믿을 신

號 _{부수} 虍 _{획수} 13
이름 호

일정한 부호, 표지, 소리, 몸짓 따위로 특정한 내용 또는 정보를 전달하거나 지시를 함.

午後
오후

午 _{부수} 十 _{획수} 4
낮 오

後 _{부수} 彳 _{획수} 9
뒤 후

정오(正午)부터 밤 열두 시까지의 시간. 정오부터 해가 질 때까지의 동안.

實感
실감

實 _{부수} 宀 _{획수} 14
열매 실

感 _{부수} 心 _{획수} 13
느낄 감

실제로 체험하는 느낌. 실감되다. 실감하다.

圓
원

圓 _{부수} 囗 _{획수} 13
둥글 원

둥글게 그려진 모양이나 형태.

安全
안전

安 _{부수} 宀 _{획수} 6
편안 안

全 _{부수} 入 _{획수} 6
온전 전

위험이 생기거나 사고가 날 염려가 없음. 또는 그런 상태.

姿勢
자세

姿 _{부수} 女 _{획수} 9
모양 자

勢 _{부수} 力 _{획수} 13
형세 세

몸을 움직이거나 가누는 모양. 사물을 대할 때 가지는 마음가짐.

役割
역할

役 _{부수} 彳 _{획수} 7
부릴 역

割 _{부수} 刂 _{획수} 12
벨 할

자기가 마땅히 하여야 할 맡은 바 직책이나 임무.

自然
자연

自 _{부수} 自 _{획수} 6
스스로 자

然 _{부수} 灬 _{획수} 12
그럴 연

사람의 힘이 더해지지 아니하고 저절로 생겨난 산, 강, 바다, 식물, 동물 따위의 존재.

場面
場面 장면
場 부수 土 획수 12 마당 장
面 부수 面 획수 9 낯 면

어떤 장소에서 겉으로 드러난 면이나 벌어진 광경. 영화, 연극, 문학 작품 따위의 한 정경(情景).

重要
重要 중요
重 부수 里 획수 9 무거울 중
要 부수 襾 획수 9 요긴할 요

귀중하고 요긴함. 중요하다. 요긴하다.

整理
整理 정리
整 부수 攵 획수 16 가지런할 정
理 부수 玉 획수 11 다스릴 리

흐트러지거나 혼란스러운 상태에 있는 것을 한데 모으거나 치워서 질서 있는 상태가 되게 함.

質問
質問 질문
質 부수 貝 획수 15 바탕 질
問 부수 口 획수 11 물을 문

알고자 하는 바를 얻기 위해 물음.

正直
正直 정직
正 부수 止 획수 5 바를 정
直 부수 目 획수 8 곧을 직

마음에 거짓이나 꾸밈이 없이 바르고 곧음.

體育
體育 체육
體 부수 骨 획수 23 몸 체
育 부수 月 획수 8 기를 육

일정한 운동 따위를 통하여 신체를 튼튼하게 단련시키는 일. 또는 그런 목적으로 하는 운동.

正確
正確 정확
正 부수 止 획수 5 바를 정
確 부수 石 획수 15 굳을 확

바르고 확실함. 명확.

體驗
體驗 체험
體 부수 骨 획수 23 몸 체
驗 부수 馬 획수 23 시험 험

자기가 몸소 겪음. 또는 그런 경험. 경험하다. 체험하다.

準備
準備 준비
準 부수 氵 획수 13 준할 준
備 부수 亻 획수 14 갖출 비

미리 마련하여 갖춤. 준비하다. 대비하다.

學年
學年 학년
學 부수 子 획수 16 배울 학
年 부수 干 획수 6 해 년

일 년을 단위로 구분한 학교 교육의 단계.

진흥회 속 교과서 한자

學習 학습	學	부수 子 / 획수 16	배울 학	習	부수 羽 / 획수 11	익힐 습

배워서 익힘.

環境 환경	環	부수 玉 / 획수 17	고리 환	境	부수 土 / 획수 14	지경 경

생활하고 있는 주위의 자연적 조건이나 사회적 상황.

活動 활동	活	부수 氵 / 획수 9	살 활	動	부수 力 / 획수 11	움직일 동

몸을 움직여 행동하다.

정답

연습문제와 모의고사 정답이 모두 들어있어요.
문제를 잘 풀었는지 확인해보아요.

1단계

手足 p.11

손 **수** ╳ 足
발 **족** ╳ 手 ╳ (손 그림)

01. ④　　02. ②　　03. ①　　04. ③

口心 p.13

(입 그림) 口 — 훈 **입** 음 **구**　　(심장 그림) 心 — 훈 **마음** 음 **심**

01. ②　　02. ①　　03. ③　　04. ④

食氣 p.15

(그릇 그림) 食 氣　　(화로 그림) 食 氣

01. ④　　02. ①　　03. ②　　04. ③

活命 p.17

(나무 그림) 活 **활** 명　　(집 그림) 命 활 **명**

01. ④　　02. ①　　03. ②　　04. ③

力便 p.19

便 — 편할 편
　　　 · 힘 력 —— 力
　　　 동오줌 변 ·

01. ③　　02. ①　　03. ②　　04. ④

空 p.21

(그림) → 空 — 훈 **빌** 음 **공**

(집 그림) ·
(동굴 그림) · —— 空 —— 공
　　　　　　　　　　　· 명

01. ③　　02. ①　　03. ②

연습문제 p.22

1

口
手
心
足

2
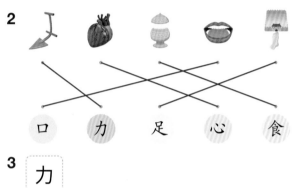

口　力　足　心　食

3 力

4

기출 · 예상문제 p.24

한국어문회

1 01. 공기　　02. 식수　　03. 명중

2 01. 마음 심　02. 손 수　03. 기운 기　04. 힘 력

3 01. ⑤　　02. ②　　03. ①　　04. ⑥

4 01. ④　　02. ①

5 01. ①　　02. ④

6 01. ⑥　　02. ⑧

한자교육진흥회

1 01. ② 02. ①
2 01. ② 02. ④
3 01. ④ 02. ①
4 01. ① 02. ②
5 01. ① 02. ④
6 01. ②

2단계

時間   p.29

01. ③   02. ④   03. ①   04. ②

春秋   p.31

春 — 봄 춘   秋 — 가을 추

01. ③   02. ①   03. ②   04. ④

夏冬   p.33

夏 冬   夏 冬

01. ②   02. ③   03. ①   04. ④

前後   p.35

前 전 후   後 전 후

01. ③   02. ①   03. ②   04. ④

午夕   p.37

午 — 낮 오   저녁 석 — 夕

01. ④   02. ①   03. ②   04. ③

每   p.39

每 — 매양 매

每 — 석, 매

01. ③   02. ①   03. ②

연습문제   p.40

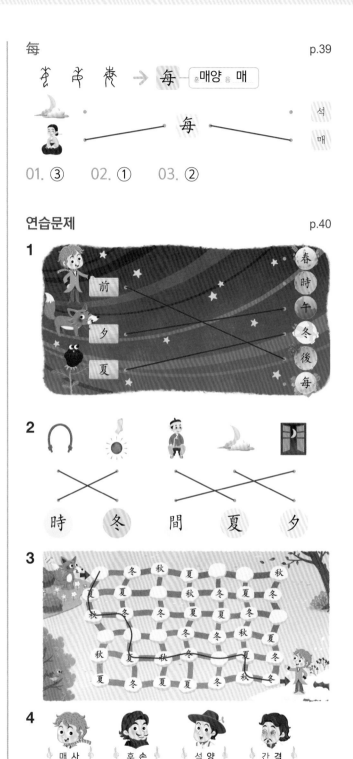

기출 · 예상문제   p.42

한국어문회

1 01. 매일   02. 교시   03. 청춘

2 01. 사이 간   02. 저녁 석   03. 뒤 후   04. 겨울 동

3 01. ⑤   02. ②   03. ④   04. ①

4 01. ②   02. ④

5 01. ③   02. ①

6 01. ⑦   02. ③

한자교육진흥회

1 01. ②   02. ④

2 01. ③   02. ②

3 01. ③   02. ①

4 01. ③   02. ①

5 01. ③   02. ①

6 01. ②

3단계

天 地   p.47

01. ②   02. ④   03. ①   04. ③

自 然   p.49

01. ②   02. ①   03. ④   04. ③

林 草   p.51

01. ③   02. ④   03. ①   04. ②

植 花   p.53

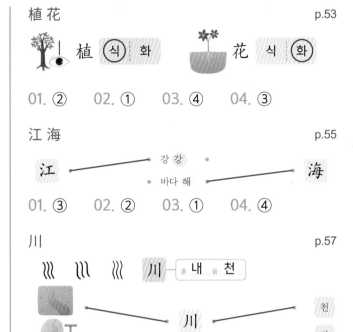

01. ②   02. ①   03. ④   04. ③

江 海   p.55

01. ③   02. ②   03. ①   04. ④

川   p.57

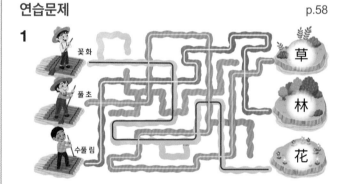

01. ②   02. ①   03. ③

연습문제   p.58

1

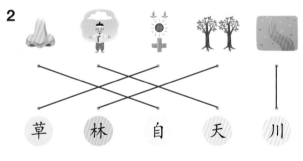

2

3 自 3 然 4

4

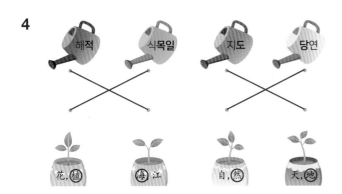

기출 · 예상문제

한국어문회

p.60

1 01. 강북   02. 화초   03. 식목일

2 01. 스스로 자 02. 내 천   03. 땅 지   04. 바다 해

3 01. ⑤   02. ②   03. ①   04. ④

4 01. ②   02. ③

5 01. ④   02. ①

6 01. ⑧   02. ⑦

한자교육진흥회

1 01. ①   02. ④

2 01. ②   02. ②

3 01. ④   02. ②

4 01. ②   02. ①

5 01. ③   02. ①

6 01. ③

4단계

姓 名

p.65

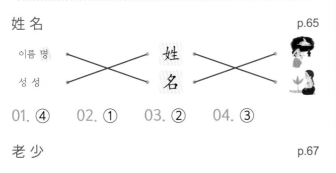

01. ④   02. ①   03. ②   04. ③

老 少

p.67

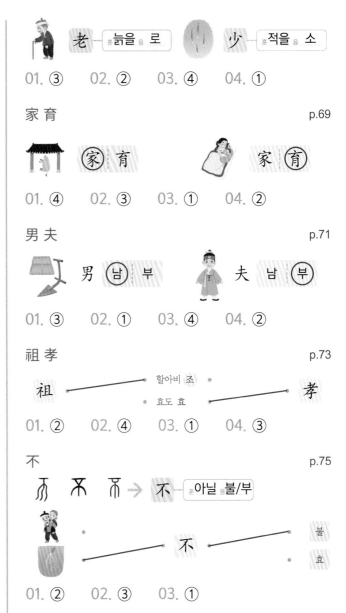

老 ─ 훈 늙을 음 로   少 ─ 훈 적을 음 소

01. ③   02. ②   03. ④   04. ①

家 育

p.69

家 育 / 家 育

01. ④   02. ③   03. ①   04. ②

男 夫

p.71

男 (남) 부   夫 남 (부)

01. ③   02. ①   03. ④   04. ②

祖 孝

p.73

祖 ─ 할아비 조   孝
효도 효

01. ②   02. ④   03. ①   04. ③

不

p.75

丕 丕 丕 → 不 ─ 훈 아닐 음 불/부

不 ─ 불
효

01. ②   02. ③   03. ①

연습문제

p.76

1

❶저녁에 수다 떠는 한자는?
❷하늘보다 높이 있는 한자는?

夫   祖   不
男   名   孝

2

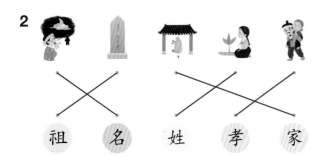

祖　名　姓　孝　家

3

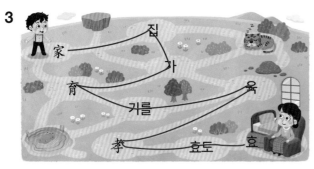

4

기출 · 예상문제　　　　　　　　　　p.78

한국어문회

1 01. 성명　　02. 효자　　03. 선조

2 01. 집 가　　02. 지아비 부　03. 아닐 불/부　04. 사내 남

3 01. ④　　02. ②　　03. ①　　04. ⑥

4 01. ①　　02. ④

5 01. ④　　02. ①

6 01. ⑦　　02. ⑤

한자교육진흥회

1 01. ④　　02. ②

2 01. ④　　02. ②

3 01. ①　　02. ④

4 01. ②　　02. ①

5 01. ②　　02. ④

6 01. ①

5단계

百 千　　　　　　　　　　　　　　p.83

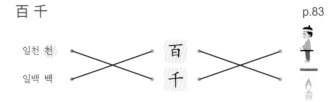

일천 천　　　　　百
일백 백　　　　　千

01. ④　　02. ②　　03. ①　　04. ③

算 數　　　　　　　　　　　　　　p.85

算 ─ 훈 셈 음 산　　數 ─ 훈 셈 음 수

01. ②　　02. ④　　03. ①　　04. ③

問 答　　　　　　　　　　　　　　p.87

問 答　　　問 答

01. ④　　02. ①　　03. ②　　04. ③

語 文　　　　　　　　　　　　　　p.89

語 어 문　　文 어 문

01. ④　　02. ③　　03. ②　　04. ①

漢 字　　　　　　　　　　　　　　p.91

漢 ── 한나라 한　　　字
　　　· 글자 자

01. ②　　02. ④　　03. ①　　04. ③

工　　　　　　　　　　　　　　　p.93

吕 工 工 → 工 ─ 훈 장인 음 공

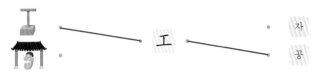

01. ③　　02. ①　　03. ②

연습문제 p.94

1
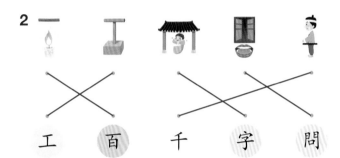

算　數　漢　字
3　5　2　1

2
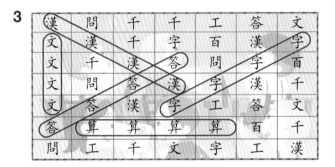

3
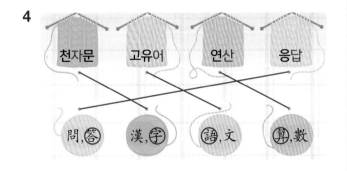

4
천자문　고유어　연산　응답

한국어문회

1　01. 수백　　02. 공부　　03. 문자

2　01. 일천 천　02. 한나라 한　03. 셈 산　　04. 대답할 답

3　01. ⑥　　02. ①　　03. ③　　04. ②

4　01. ①　　02. ③

5　01. ②

6　01. ⑨　　02. ⑧

한자교육진흥회

1　01. ②　　02. ③

2　01. ③　　02. ①

3　01. ②　　02. ③

4　01. ③　　02. ①

5　01. ③　　02. ①

6　01. ③

6단계

世 道 p.101

01. ③　　02. ④　　03. ②　　04. ①

市 洞 p.103

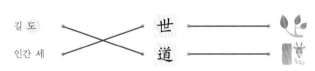

01. ④　　02. ③　　03. ①　　04. ②

邑 里 p.105

01. ④　　02. ①　　03. ②　　04. ③

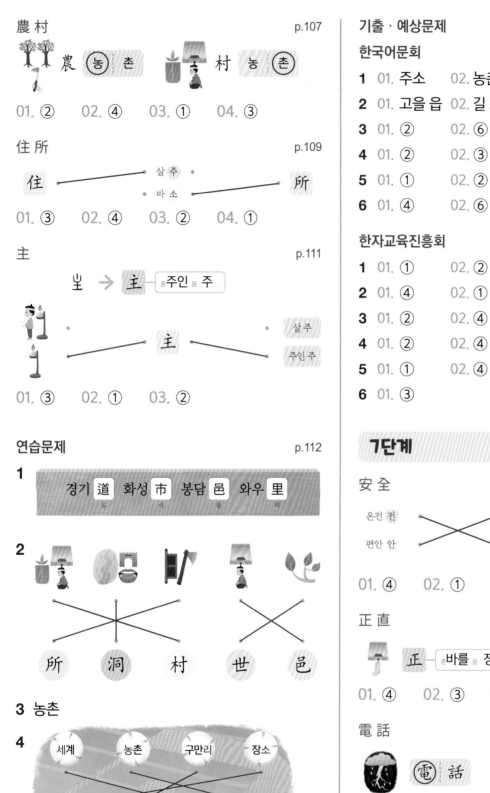

農 村   p.107

農 (농) 촌   村 농 (촌)

01. ②   02. ④   03. ①   04. ③

住 所   p.109

住 ─── 살 주
바 소 ─── 所

01. ③   02. ④   03. ②   04. ①

主   p.111

主 → 主 [훈 주인 음 주]

主 ─── 살 주 / 주인 주

01. ③   02. ①   03. ②

연습문제   p.112

1

경기 道 화성 市 봉담 邑 와우 里
도   시   읍   리

2

所   洞   村   世   邑

3 농촌

4

세계   농촌   구만리   장소

所   里   世   農

기출 · 예상문제   p.114

한국어문회

1 01. 주소   02. 농촌   03. 시장

2 01. 고을 읍   02. 길 도   03. 바 소   04. 마을 리

3 01. ②   02. ⑥   03. ⑤   04. ③

4 01. ②   02. ③

5 01. ①   02. ②

6 01. ④   02. ⑥

한자교육진흥회

1 01. ①   02. ②

2 01. ④   02. ①

3 01. ②   02. ④

4 01. ②   02. ④

5 01. ①   02. ④

6 01. ③

7단계

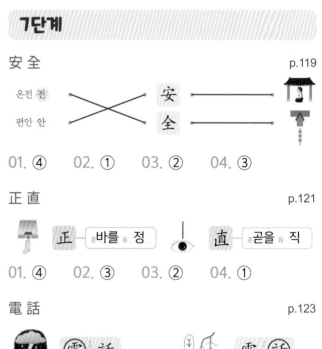

安 全   p.119

온전 전 ╳ 安
편안 안 ╳ 全

01. ④   02. ①   03. ②   04. ③

正 直   p.121

正 [훈 바를 음 정]   直 [훈 곧을 음 직]

01. ④   02. ③   03. ②   04. ①

電 話   p.123

電 話   電 話

01. ②   02. ③   03. ①   04. ④

動車 p.125

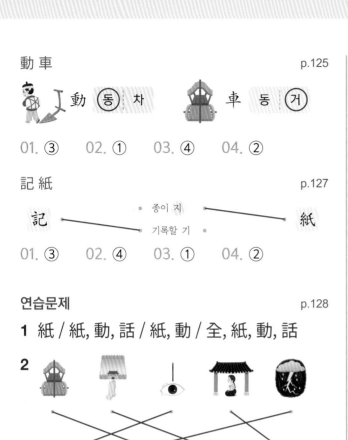

動 (동) 차   車 동 (거)

01. ③   02. ①   03. ④   04. ②

記 紙 p.127

記 ——— 종이 지 ——— 紙
    ——— 기록할 기 ———

01. ③   02. ④   03. ①   04. ②

연습문제 p.128

1 紙 / 紙, 動, 話 / 紙, 動 / 全, 紙, 動, 話

2
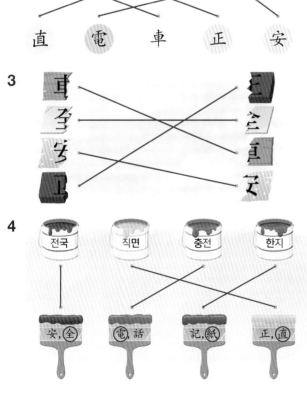

直   電   車   正   安

3

4

전국   직면   충전   한지

安,全   電,話   記,紙   正,直

기출 · 예상문제   p.130

한국어문회

1 01. 전화   02. 자동차   03. 정직
2 01. 기록할 기 02. 온전 전 03. 곧을 직 04. 말씀 화
3 01. ①   02. ③   03. ⑤   04. ②
4 01. ④   02. ②
5 01. ①
6 01. ⑤   02. ⑦

한자교육진흥회

1 01. ③   02. ③
2 01. ①   02. ②
3 01. ③   02. ②
4 01. ②   02. ④
5 01. ①   02. ④
6 01. ①

8단계

左 右 p.135

왼 좌   右 ——————
오른 우   左 ——————

01. ②   02. ④   03. ①   04. ③

出 入 p.137

出 [훈 날 음 출]   入 [훈 들 음 입]

01. ②   02. ④   03. ③   04. ①

平 面 p.139

(平) 面   平 (面)

01. ③   02. ④   03. ②   04. ①

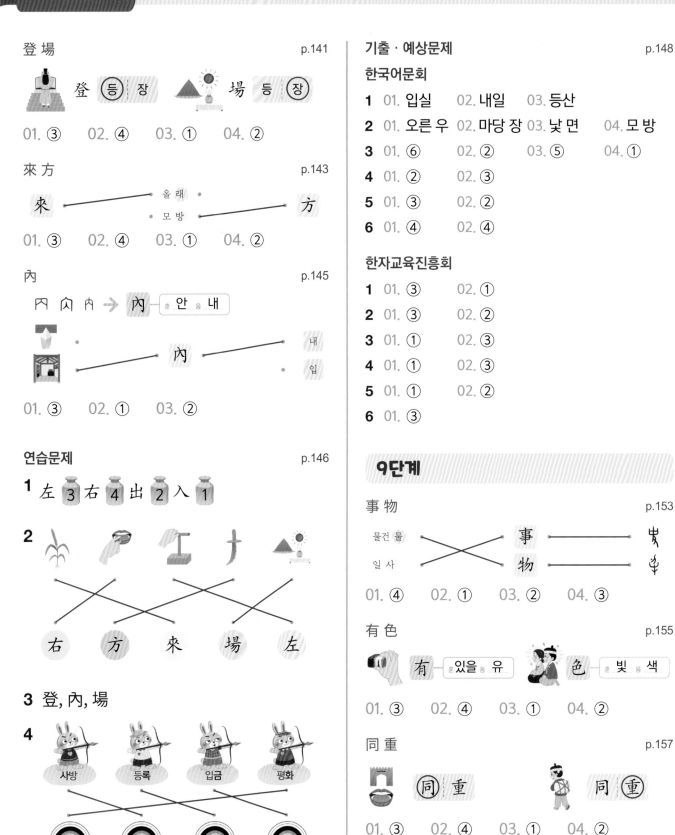

登 場　　　　　　　　　　　　p.141

登 (등) 장　　　場 등 (장)

01. ③　　02. ④　　03. ①　　04. ②

來 方　　　　　　　　　　　　p.143

來　　올 래
　　　모 방　　方

01. ③　　02. ④　　03. ①　　04. ②

內　　　　　　　　　　　　　p.145

內 → 內 ─ 훈 안 음 내

內　　내
　　　입

01. ③　　02. ①　　03. ②

연습문제　　　　　　　　　p.146

1 左 3 右 4 出 2 入 1

2

右　方　來　場　左

3 登, 內, 場

4

사방　등록　입금　평화

平　方　登　入

기출 · 예상문제　　　　　　p.148

한국어문회

1 01. 입실　02. 내일　03. 등산

2 01. 오른 우　02. 마당 장　03. 낮 면　04. 모 방

3 01. ⑥　02. ②　03. ⑤　04. ①

4 01. ②　02. ③

5 01. ③　02. ②

6 01. ④　02. ④

한자교육진흥회

1 01. ③　02. ①

2 01. ③　02. ②

3 01. ①　02. ③

4 01. ①　02. ③

5 01. ①　02. ②

6 01. ③

9단계

事 物　　　　　　　　　　　　p.153

물건 물　　　事
일 사　　　　物

01. ④　　02. ①　　03. ②　　04. ③

有 色　　　　　　　　　　　　p.155

有 ─ 훈 있을 음 유　　色 ─ 훈 빛 음 색

01. ③　　02. ④　　03. ①　　04. ②

同 重　　　　　　　　　　　　p.157

同 重　　　同 重

01. ③　　02. ④　　03. ①　　04. ②

休 歌　　　　　　　　　　　　　p.159

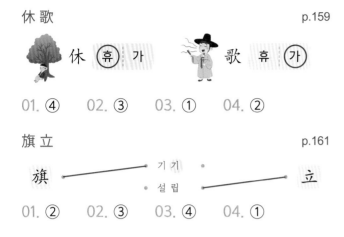

休 (휴) 가　　　　歌 휴 (가)

01. ④　　02. ③　　03. ①　　04. ②

旗 立　　　　　　　　　　　　　p.161

旗 ──── 기 기 ·
　　　　· 설 립 ──── 立

01. ②　　02. ③　　03. ④　　04. ①

연습문제　　　　　　　　　　　　p.162

1

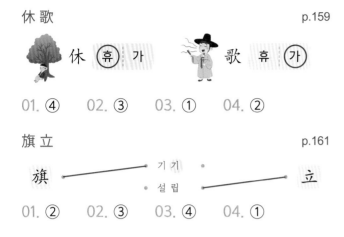

2

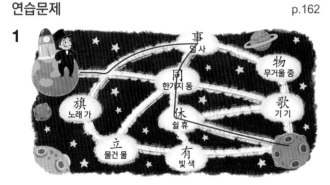

休　　有　　立　　旗　　同

3

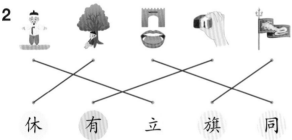

빛　무겁다　깃발　일　있다

旗　　有　　重　　色　　事

4

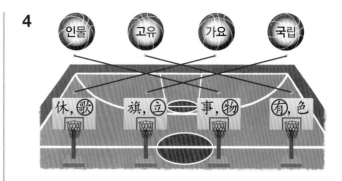

인물　고유　가요　국립

休,歌　旗,立　事,物　有,色

기출 · 예상문제　　　　　　　　　p.164

한국어문회

1　01. 사물　　02. 유색　　03. 가수

2　01. 쉴 휴　　02. 무거울 중　　03. 빛 색　　04. 한가지 동

3　01. ③　　02. ⑥　　03. ④　　04. ①

4　01. ①　　02. ④

5　01. ①　　02. ③

6　01. ④　　02. ⑧

한자교육진흥회

1　01. ①　　02. ②

2　01. ④　　02. ②

3　01. ①　　02. ④

4　01. ②　　02. ④

5　01. ④　　02. ①

6　01. ③

한국어문회 7급 모의고사 제1회 정답

1	주인	11	추석	21	식물	31	읍내	41	한나라 한	51	적을 소	61	⑧
2	편지	12	조부	22	국기	32	장남	42	바를 정	52	한가지 동	62	⑨
3	활동	13	시공	23	자연	33	여름 하	43	늙을 로	53	⑥	63	③
4	청춘	14	교육	24	시장	34	바다 해	44	마을 리	54	④	64	①
5	효도	15	생명	25	등교	35	발 족	45	하늘 천	55	⑩	65	①
6	외출	16	공부	26	안심	36	인간 세	46	곧을 직	56	⑦	66	④
7	입동	17	매년	27	수만	37	마을 촌	47	있을 유	57	⑤	67	④
8	식후	18	소중	28	오전	38	사이 간	48	집 가	58	③	68	②
9	일기	19	전화	29	농사	39	빛 색	49	살 주	59	②	69	⑧
10	백화	20	가수	30	교실	40	수풀 림	50	대답할 답	60	①	70	⑤

한국어문회 7급 모의고사 제2회 정답

1	천리	11	소유	21	백성	31	중심	41	한가지 동	51	아래 하	61	⑦
2	등산	12	청년	22	외식	32	입장	42	종이 지	52	집 가	62	③
3	선조	13	불편	23	인명	33	기록할 기	43	장인 공	53	⑨	63	④
4	남해	14	농촌	24	출세	34	낯 면	44	앞 전	54	④	64	③
5	차도	15	매일	25	노소	35	빛 색	45	기를 육	55	②	65	②
6	공군	16	화초	26	한강	36	여름 하	46	물을 문	56	⑤	66	①
7	산수	17	지방	27	만물	37	안 내	47	심을 식	57	⑩	67	②
8	정답	18	효자	28	안주	38	내 천	48	왼 좌	58	⑥	68	③
9	수화	19	안전	29	문학	39	고을 읍	49	올 래	59	⑧	69	⑦
10	시간	20	오후	30	활력	40	수풀 림	50	글자 자	60	①	70	⑥

한국어문회 7급 모의고사 제3회 정답

1	모교	11	등장	21	동해	31	출토	41	빌 공	51	오른 우	61	④
2	매월	12	산천	22	직전	32	금색	42	고을 읍	52	온전 전	62	⑦
3	지면	13	부족	23	성명	33	늙을 로	43	한나라 한	53	③	63	③
4	목수	14	평생	24	농부	34	기를 육	44	모 방	54	⑤	64	②
5	실내	15	수십	25	활기	35	그럴 연	45	쉴 휴	55	①	65	①
6	민간	16	동물	26	자력	36	꽃 화	46	편할 편/ 똥오줌 변	56	⑧	66	②
7	청군	17	가장	27	지하	37	여름 하	47	무거울 중	57	⑩	67	②
8	식사	18	후문	28	내년	38	있을 유	48	번개 전	58	②	68	③
9	주소	19	심산	29	정오	39	적을 소	49	글자 자	59	⑥	69	④
10	세상	20	사촌	30	명중	40	할아비 조	50	노래 가	60	⑨	70	⑨

한자교육진흥회 7급 모의고사 제1회 정답

1	①	11	②	21	⑨	31	일백 백	41	생수
2	④	12	④	22	⑥	32	돌 석	42	자족
3	②	13	②	23	③	33	사내 남	43	입문
4	③	14	④	24	①	34	형 형	44	상하
5	③	15	③	25	⑧	35	스스로 자	45	정직
6	②	16	①	26	⑦	36	손 수	46	학년
7	①	17	③	27	②	37	어미 모	47	방법
8	③	18	②	28	①	38	다섯 오	48	계획
9	②	19	⑤	29	④	39	산천	49	준비
10	④	20	④	30	③	40	중심	50	질문

한자교육진흥회 7급 모의고사 제2회 정답

1	④	11	②	21	⑦	31	강 강	41	육백
2	②	12	④	22	③	32	하늘 천	42	목공
3	①	13	①	23	①	33	힘 력	43	하수
4	③	14	②	24	④	34	일백 백	44	사월
5	②	15	④	25	⑧	35	불 화	45	선심
6	②	16	③	26	⑥	36	문 문	46	자연
7	③	17	①	27	①	37	윗 상	47	문법
8	③	18	⑨	28	③	38	일곱 칠	48	정리
9	④	19	⑤	29	③	39	남녀	49	시계
10	①	20	②	30	④	40	산천	50	역할

한자교육진흥회 7급 모의고사 제3회 정답

1	④	11	①	21	④	31	쇠 금	41	오십
2	②	12	③	22	①	32	내 천	42	목수
3	②	13	④	23	⑥	33	아홉 구	43	화구
4	①	14	②	24	⑦	34	돌 석	44	소문
5	③	15	④	25	③	35	물 수	45	장면
6	②	16	①	26	⑨	36	날 일	46	신호
7	①	17	③	27	③	37	형 형	47	활동
8	④	18	⑧	28	①	38	일천 천	48	모형
9	③	19	②	29	③	39	강산	49	민속
10	③	20	⑤	30	②	40	부자	50	상상

★ 저자소개

허은지

명지대학교 중어중문학과 박사 수료
상상한자중국어연구소 대표
명지대 미래교육원 중국어 과정 지도교수
마포고, 세화고, 화곡중 출강
<하오빵어린이중국어 발음편> 시사중국어사, 공저
<쑥쑥 급수한자 8급 · 7급 · 6급 상하 · 준5급 상하> 제이플러스, 공저

박진미

성균관대학교 중어중문학과 졸업
성균관대학교 교육대학원 중국어교육 석사
상상한자중국어연구소 대표 강사
성균관쑥쑥한자교습소 원장
학동초 방과후학교 한자 강사
<8822 HSK 어휘 갑을병정 전3권> 다락원, 공동편역
<꼬치꼬치 HSK 듣기/어법> YBM시사, 공저
<쑥쑥 급수한자 8급 · 7급 · 6급 상하 · 준5급 상하> 제이플러스, 공저

윤혜정

선문대학교 한중통번역대학원 석사 수료
상상한자중국어연구소 대표 강사
와우윤샘한자중국어공부방 운영
다솔초, 갈천초 방과후학교 한자 강사
<쑥쑥 급수한자 8급 · 7급 · 6급 상하 · 준5급 상하> 제이플러스, 공저

초판 3쇄   2024년 11월 15일

저자   허은지·박진미·윤혜정
발행인   이기선
발행처   제이플러스
삽화   김효지
등록번호   제10-1680호
등록일자   1998년 12월 9일
주소   경기도 고양시 덕양구 향동로 217
구입문의   02-332-8320
팩스   02-332-8321
홈페이지   www.jplus114.com
ISBN   979-11-5601-181-1(63720)

한자 능력 검정시험 모의고사

* 한국어문회형 3회, 한자교육진흥회형 3회 총 6회의 모의고사 문제입니다.
정답지는 표시선을 따라 잘라서 준비해 주세요.

▶정답 p.182~p.185

7級

70문항 / 50분 시험

*성명과 수험번호를 쓰고 문제지와 답안지는 함께 제출하세요.

성명 (   )   수험번호 ☐☐☐ - ☐☐ - ☐☐☐☐

[문제 1-32] 다음 밑줄 친 漢字語한자어의 音(음: 소리)을 쓰세요.

보기	漢字 → 한자

[1] 교실에 主人 없는 우산이 하나 있습니다.

[2] 우편함이 便紙로 가득합니다.

[3] 그는 아프리카로 봉사 活動을 다녀왔습니다.

[4] 青春은 인생의 봄이라고 말합니다.

[5] 아버지가 살아 계신 동안 孝道하지 못한 것을 늘 후회합니다.

[6] 형은 주말마다 外出합니다.

[7] 立冬이 지나고 정말 추운 겨울이 되었습니다.

[8] 食後에 차를 마시며 이야기를 나누었습니다.

[9] 비가 온다는 日氣 예보로 운동회를 일주일 미루었습니다.

[10] 따뜻한 봄 날씨에 百花가 만발했습니다.

[11] 기차 안은 秋夕을 맞아 고향에 가는 사람들로 가득 찼습니다.

[12] 오늘은 祖父님의 제삿날입니다.

[13] 훌륭한 작품은 수백 년이 지나도 時空을 초월한 감동을 줍니다.

[14] 학교에서 두 학기 동안 독서 教育을 실시했습니다.

[15] 방금 병원에 들어온 환자는 生命이 위태로운 상태입니다.

[16] 머리가 아파서 工夫에 집중이 되지 않습니다.

[17] 우리 학교에서는 每年 4월 무용대회를 개최합니다.

[18] 수연이는 나의 어린 시절에 가장 所重한 친구였습니다.

[19] 음악회에 가서는 휴대 電話의 전원을 끄는 것이 예의입니다.

[20] 그 歌手는 주로 슬픈 노래를 잘 부릅니다.

[21] 이 植物은 생명력이 강해서 아무 데나 뿌리를 내리고 자랍니다.

[22] 바람이 몰아치자 國旗가 펄럭입니다.

[23] 엄마의 도움으로 나와 동생은 自然스럽게 화해할 수 있었습니다.

[24] 명절이 다가오자 市場은 많은 사람으로 붐볐습니다.

[25] 기철이는 매일 아침 자전거를 타고 登校합니다.

[26] 이 음식은 <u>安心</u>하고 드셔도 좋습니다.

[27] 자동차에는 <u>數萬</u> 개의 부품이 조합되어 있습니다.

[28] 우리는 다음 주 월요일 <u>午前</u>에 회의를 열기로 했습니다.

[29] 긴 장마 때문에 올해 <u>農事</u>가 걱정입니다.

[30] 수업 종이 울리자 학생들은 뛰어서 <u>教室</u>로 들어갑니다.

[31] 예전에는 <u>邑內</u>까지 먼 길을 걸어 학교에 다녔습니다.

[32] <u>長男</u>은 돌아가신 아버님의 말씀을 받들어 동생들을 잘 보살폈습니다.

[문제 33-52] 다음 漢字한자의 訓(훈:뜻)과 音(음:소리)을 쓰세요.

> 보기   字 → 글자 자

[33] 夏

[34] 海

[35] 足

[36] 世

[37] 村

[38] 間

[39] 色

[40] 林

[41] 漢

[42] 正

[43] 老

[44] 里

[45] 天

[46] 直

[47] 有

[48] 家

[49] 住

[50] 答

[51] 少

[52] 同

[문제 53-62] 다음 訓(훈:뜻)과 音(음:소리)에 맞는 漢字한자를 〈보기〉에서 골라 그 번호를 쓰세요.

> 보기
> ① 家 ② 文 ③ 姓 ④ 面 ⑤ 平
> ⑥ 休 ⑦ 江 ⑧ 字 ⑨ 方 ⑩ 算

[53] 쉴 휴

[54] 낯 면

[55] 셈 산

[56] 강 강

[57] 평평할 평

[58] 성 성

[59] 글월 문

[60] 집 가

[61] 글자 자

[62] 모 방

[문제 63-64] 다음 밑줄 친 漢字語한자어를 〈보기〉에서 골라 그 번호를 쓰세요.

보기

① 動物　② 草木
③ 來日　④ 王命

[63] 우리는 <u>내일</u> 점심을 함께 먹기로 했습니다.

[64] 조련사는 맹수를 애완<u>동물</u>처럼 쉽게 다룹니다.

[문제 65-66] 다음 漢字한자의 상대 또는 반대되는 漢字한자를 보기에서 골라 그 번호를 쓰세요.

보기

① 答　② 西　③ 物　④ 北

[65] 問 ↔ (　　　)

[66] 南 ↔ (　　　)

[문제 67-68] 다음 뜻에 맞는 漢字語한자어를 〈보기〉에서 찾아 그 번호를 쓰세요.

보기

① 國力　② 農夫
③ 活字　④ 主食

[67] 끼니때마다 주로 먹는 음식.

[68] 농사를 짓는 사람.

[문제 69-70] 다음 漢字한자의 진하게 표시한 획은 몇 번째 쓰는지 〈보기〉에서 찾아 그 번호를 쓰세요.

보기

① 첫 번째　② 두 번째
③ 세 번째　④ 네 번째
⑤ 다섯 번째　⑥ 여섯 번째
⑦ 일곱 번째　⑧ 여덟 번째
⑨ 아홉 번째　⑩ 열 번째

[69]

[70]

♣ 수고하셨습니다.

7級

70문항 / 50분 시험

*성명과 수험번호를 쓰고 문제지와 답안지는 함께 제출하세요.

성명 (   )   수험번호 ☐☐☐ – ☐☐ – ☐☐☐☐

[문제 1-32] 다음 밑줄 친 漢字語한자어의 音(음: 소리)을 쓰세요.

| 보기 | 漢字 → 한자 |

[1] 그의 고향은 남쪽으로 千里나 떨어져 있습니다.

[2] 아버지와 나는 주말마다 登山을 갑니다.

[3] 한자성어에는 先祖들의 삶의 지혜가 스며들어 있습니다.

[4] 우리 가족은 십 일 동안 南海로 여행을 다녀왔습니다.

[5] 이번 폭우로 지하 車道가 물에 잠겨 통행이 금지되었습니다.

[6] 空軍 출신인 그는 비행기 조종을 자유자재로 할 수 있습니다.

[7] 범수는 算數 문제를 손가락 셈하며 풀었습니다.

[8] 누나는 시험지를 正答과 맞춰보고 나서 흐뭇한 표정을 지었습니다.

[9] 지난달부터 手話 언어를 배우기 시작했습니다.

[10] 약속 時間에 늦지 않기 위해 일찍 출발했습니다.

[11] 공공시설은 개인 所有가 아니므로 더욱 아껴야 합니다.

[12] 오랜만에 만난 조카는 훌륭한 靑年으로 자라있었습니다.

[13] 이 집이 좁기는 하지만 살기에는 큰 不便이 없습니다.

[14] 農村 봉사 활동을 통하여 농민의 고통을 배웠습니다.

[15] 엄마는 每日 아침 과일주스를 만들어주십니다.

[16] 겨울에 花草를 잘 키우려면 실내온도를 적절히 유지해야 합니다.

[17] 대조영은 만주 地方에서 발해를 건국하였습니다.

[18] 홀어머니를 모시는 옆집 청년은 孝子로 소문나 있습니다.

[19] 사고에 대비하려면 항상 安全모를 착용해야 합니다.

[20] 午後가 되자 비가 그치고 하늘이 말끔히 개었습니다.

[21] 힘없는 百姓들은 억울함을 당해도 말할 곳이 없었습니다.

[22] 우리 가족은 오랜만에 外食을 하여 소갈비를 먹었습니다.

[23] 구조대원들은 신속하게 人命 구조에 나섰습니다.

[24] 서울에서 出世한 삼촌은 우리 집안의 자랑거리였습니다.

[25] 그 공원의 입장료는 老少와 관계없이 무료입니다.

[26] 漢江 변에서 많은 사람들이 한가롭게 휴일을 즐기고 있습니다.

[27] 책을 많이 읽은 우리 형은 모르는 게 없는 萬物박사입니다.

[28] 그는 고향을 떠나 멀리 외국에 安住하였습니다.

[29] 이번 방학 때 나는 서양 文學 작품을 많이 읽었습니다.

[30] 좋은 음악은 우리 생활에 活力을 가져다 줍니다.

[31] 학생들이 모닥불을 中心으로 모여앉아 있습니다.

[32] 이 문제를 해결하지 못하면 우리의 立場이 곤란해집니다.

[문제 33-52] 다음 漢字한자의 訓(훈:뜻)과 音(음:소리)을 쓰세요.

보기   字 → 글자 자

[33] 記
[34] 面
[35] 色

[36] 夏
[37] 內
[38] 川
[39] 邑
[40] 林
[41] 同
[42] 紙
[43] 工
[44] 前
[45] 育
[46] 問
[47] 植
[48] 左
[49] 來
[50] 字
[51] 下
[52] 家

[문제 53-62] 다음 訓(훈:뜻)과 音(음:소리)에 맞는 漢字한자를 〈보기〉에서 골라 그 번호를 쓰세요.

보기
① 歌 ② 主 ③ 夕 ④ 洞 ⑤ 男
⑥ 秋 ⑦ 夫 ⑧ 市 ⑨ 重 ⑩ 平

[53] 무거울 중
[54] 골 동

[55] 주인 주

[56] 사내 남

[57] 평평할 평

[58] 가을 추

[59] 저자 시

[60] 노래 가

[61] 지아비 부

[62] 저녁 석

[문제 63-64] 다음 밑줄 친 漢字語한자어를 〈보기〉에서 골라 그 번호를 쓰세요.

보기

① 語文　　② 方面

③ 自然　　④ 電氣

[63] <u>전기</u>방석의 스위치를 오랫동안 끄지 않아 화재가 일어났습니다.

[64] 겨울이 가고 봄이 오는 것은 <u>자연</u>적인 현상입니다.

[문제 65-66] 다음 漢字한자의 상대 또는 반대되는 漢字한자를 보기에서 골라 그 번호를 쓰세요.

보기

① 入　② 足　③ 川　④ 名

[65] 手 ↔ (　　)

[66] 出 ↔ (　　)

[문제 67-68] 다음 뜻에 맞는 漢字語한자어를 〈보기〉에서 찾아 그 번호를 쓰세요.

보기

① 農事　　② 不足

③ 國旗　　④ 休校

[67] 양이 충분하지 아니함.

[68] 나라를 상징하는 기.

[문제 69-70] 다음 漢字한자의 진하게 표시한 획은 몇 번째 쓰는지 〈보기〉에서 찾아 그 번호를 쓰세요.

보기

① 첫 번째　　② 두 번째

③ 세 번째　　④ 네 번째

⑤ 다섯 번째　⑥ 여섯 번째

⑦ 일곱 번째　⑧ 여덟 번째

⑨ 아홉 번째　⑩ 열 번째

[69]

[70]

♣ 수고하셨습니다.

7級

70문항 / 50분 시험

*성명과 수험번호를 쓰고 문제지와 답안지는 함께 제출하세요.

성명 (　　　　　　) 수험번호 □□□ - □□ - □□□□

[문제 1-32] 다음 밑줄 친 漢字語한자어의 音(음: 소리)을 쓰세요.

보기	漢字 → 한자

[1] 그는 자신의 <u>母校</u>에 장학금을 전달했습니다.

[2] 우리는 <u>每月</u> 첫째 주 토요일에 등산합니다.

[3] 신문의 각 <u>紙面</u>에 광고가 실려 있습니다.

[4] <u>木手</u>가 톱으로 나무를 썰었습니다.

[5] <u>室內</u> 수영장에서는 수영모를 써야 합니다.

[6] 여기는 <u>民間</u>인의 출입이 금지된 곳입니다.

[7] 이번 운동회에서는 <u>靑軍</u>이 이겼습니다.

[8] <u>食事</u>를 끝내고 차 한 잔을 마셨습니다.

[9] 신청서에 <u>住所</u>와 이름을 적었습니다.

[10] 많은 경험은 <u>世上</u>을 바라보는 눈을 넓혀 줍니다.

[11] 주인공이 무대에 <u>登場</u>하자 박수가 터져 나왔습니다.

[12] 진달래가 피어 온 <u>山川</u>이 분홍빛으로 물들었습니다.

[13] 가족 간에 대화가 <u>不足</u>합니다.

[14] 그는 <u>平生</u>동안 고향을 지키며 살아왔습니다.

[15] 어릴 적 친구를 <u>數十</u> 년 만에 만났습니다.

[16] 초식<u>動物</u>은 대체로 온순합니다.

[17] 아버지는 <u>家長</u>으로서 가족들을 위해 고생하십니다.

[18] 학교 <u>後門</u> 옆에 바로 우리 집이 있습니다.

[19] 그는 내가 오늘 가지 않을 <u>心算</u>이었음을 알고 있었습니다.

[20] 우리 <u>四寸</u>들은 모이기만 하면 티격태격 말다툼을 합니다.

[21] 새해를 맞아 <u>東海</u>로 해돋이를 보러 갔습니다.

[22] 민지는 종이 울리기 <u>直前</u>에 답안을 고쳤습니다.

[23] 편지 봉투에 보낸 사람의 <u>姓名</u>이 적혀있지 않습니다.

[24] <u>農夫</u>가 씨를 밭에 뿌렸습니다.

[25] 아이들이 운동장에서 <u>活氣</u>차게 뛰어놀고 있습니다.

[26] 누나는 부모님 도움을 받지 않고 <u>自力</u>으로 대학을 졸업했습니다.

[27] 자질구레한 물건들을 <u>地下</u> 창고에 넣었습니다.

[28] 우리 가족은 <u>來年</u> 여름 휴가도 이곳으로 결정했습니다.

[29] 잠에서 깨어보니 이미 <u>正午</u>에 가까운 시간이었습니다.

[30] 열 발의 총알을 모두 표적에 <u>命中</u>시켰습니다.

[31] 이 유적지에서는 청동기 유물이 많이 <u>出土</u>되었습니다.

[32] 갈대들이 바람에 흔들리며 <u>金色</u> 물결을 이루고 있습니다.

[41] 空

[42] 邑

[43] 漢

[44] 方

[45] 休

[46] 便

[47] 重

[48] 電

[49] 字

[50] 歌

[51] 右

[52] 全

[문제 33-52] 다음 漢字한자의 訓(훈:뜻)과 音(음:소리)을 쓰세요.

> 보기   字 → 글자 자

[33] 老

[34] 育

[35] 然

[36] 花

[37] 夏

[38] 有

[39] 少

[40] 祖

[문제 53-62] 다음 訓(훈:뜻)과 音(음:소리)에 맞는 漢字한자를 〈보기〉에서 골라 그 번호를 쓰세요.

> 보기
> ① 同 ② 語 ③ 安 ④ 植 ⑤ 旗
> ⑥ 問 ⑦ 男 ⑧ 孝 ⑨ 江 ⑩ 文

[53] 편안 안

[54] 기 기

[55] 한가지 동

[56] 효도 효

[57] 글월 문

[58] 말씀 어

[59] 물을 문

[60] 강 강

[61] 심을 식

[62] 사내 남

[문제 63-64] 다음 밑줄 친 漢字語한자어를 〈보기〉에서 골라 그 번호를 쓰세요.

┌─── 보기 ───┐
① 洞里   ② 手話
③ 同時   ④ 水道
└──────────┘

[63] 이 영화는 세계 전 지역에서 동시에 개봉됩니다.

[64] 청각장애인과 대화를 하기 위해 수화를 배웠습니다.

[문제 65-66] 다음 漢字한자의 상대 또는 반대되는 漢字한자를 보기에서 골라 그 번호를 쓰세요.

┌─── 보기 ───┐
① 後 ② 弟 ③ 出 ④ 父
└──────────┘

[65] 先 ↔ (   )

[66] 兄 ↔ (   )

[문제 67-68] 다음 뜻에 맞는 漢字語한자어를 〈보기〉에서 찾아 그 번호를 쓰세요.

┌─── 보기 ───┐
① 前方   ② 名物
③ 洞長   ④ 小便
└──────────┘

[67] 어떤 지방의 이름난 사물.

[68] 한 동네의 우두머리.

[문제 69-70] 다음 漢字한자의 진하게 표시한 획은 몇 번째 쓰는지 〈보기〉에서 찾아 그 번호를 쓰세요.

┌─── 보기 ───┐
① 첫 번째   ② 두 번째
③ 세 번째   ④ 네 번째
⑤ 다섯 번째   ⑥ 여섯 번째
⑦ 일곱 번째   ⑧ 여덟 번째
⑨ 아홉 번째   ⑩ 열 번째
└──────────┘

[69] 北

[70] 校

♣ 수고하셨습니다.

한자교육진흥회 [7급] 모의고사 제1회 문제지

객관식 (1~30번)

※ [ ] 안의 한자의 음(소리)으로 알맞은 것을 찾아 번호를 쓰세요.

1. [目]
   ① 목 ② 월 ③ 백 ④ 일 (   )

2. [立]
   ① 자 ② 수 ③ 천 ④ 립 (   )

3. [江]
   ① 천 ② 강 ③ 공 ④ 형 (   )

4. [足]
   ① 칠 ② 부 ③ 족 ④ 수 (   )

5. [力]
   ① 도 ② 석 ③ 력 ④ 구 (   )

※ [ ] 안의 뜻에 맞는 한자를 찾아 번호를 쓰세요.

6. [쇠]
   ① 千 ② 金 ③ 手 ④ 入 (   )

7. [여섯]
   ① 六 ② 九 ③ 火 ④ 水 (   )

8. [작다]
   ① 八 ② 木 ③ 小 ④ 三 (   )

9. [여자]
   ① 父 ② 女 ③ 工 ④ 母 (   )

10. [내]
    ① 三 ② 王 ③ 上 ④ 川 (   )

※ [ ] 안의 한자어를 바르게 읽은 것을 찾아 번호를 쓰세요.

11. 삼촌이 사는 동네는 알지만 [正確]한 주소는 모릅니다.   (   )
    ① 자세   ② 정확   ③ 안전   ④ 계산

12. [規則]적인 식사와 운동은 건강에 매우 좋습니다.   (   )
    ① 질문   ② 체험   ③ 심판   ④ 규칙

13. 횡단보도에서 [信號]를 기다리며 서 있습니다.   (   )
    ① 실험   ② 신호   ③ 부호   ④ 모형

14. 대보름을 맞이하여 다채로운 [民俗] 놀이가 펼쳐지고 있습니다.   (   )
    ① 상상   ② 풍속   ③ 순서   ④ 민속

15. [環境]보호를 위해 폐건전지를 수거해야 합니다.   (   )
    ① 활동   ② 자연   ③ 환경   ④ 분명

16. 아나운서가 되기 위해 정확한 [發音]을 꾸준히 연습했습니다.   (   )
    ① 발음   ② 배열   ③ 문법   ④ 역할

17. [午前]에는 날씨가 어두웠는데 지금은 맑게 개었습니다. ( )
① 오후　② 야간　③ 오전　④ 시간

※ [ ] 안의 뜻을 가진 한자를 <보기>에서 찾아 번호를 쓰세요.

보기	① 出 ② 白 ③ 木 ④ 山 ⑤ 入 ⑥ 天 ⑦ 心 ⑧ 千 ⑨ 父

18. 밤새 [하얀] 눈이 소복이 쌓였습니다. ( )
21. 대현이는 교실에 [들어]오면서 큰소리로 인사했습니다. ( )
20. 이 [산]에는 곧게 뻗은 대나무들이 숲을 이루고 있습니다. ( )
21. 나는 주말마다 [아버지]와 등산을 합니다. ( )
22. 우리는 밤[하늘]에서 북두칠성을 찾아보았습니다. ( )
23. 정원에 [나무] 몇 그루를 심었습니다. ( )
24. 거리로 [나가서] 자연 보호 캠페인에 참가했습니다. ( )
25. 공연장에 [천] 명이 넘는 팬들이 몰려들었습니다. ( )
26. 친구에게 받은 선물이 [마음]에 듭니다. ( )

※ ○에 들어갈 알맞은 한자를 <보기>에서 찾아 번호를 쓰세요.

보기	① 生 ② 工 ③ 木 ④ 山

27. 우리 동네에는 人○ 호수가 있어서 저녁에 산책 나오는 사람들이 많습니다. ( )
28. 出○지는 시골이지만 어린 시절 대부분은 서울에서 보냈습니다. ( )

※ [ ] 안의 한자어의 뜻을 찾아 번호를 쓰세요.

29. [場面] ( )
① 물건의 앞쪽 면.
② 자신이 맡은 바의 일.
③ 어긋남이 없이 확실함.
④ 어떤 장소에서 벌어진 광경.

30. [體育] ( )
① 어떤 일을 실제로 겪음.
② 실물을 본떠서 만든 물건.
③ 운동으로 신체를 단련시키는 일.
④ 사물이나 현상에 대해 가지는 태도.

계속 ->

주관식 (31~50번)

※ 한자의 훈(뜻)과 음(소리)을 〈보기〉와 같이 한 글로 쓰세요.

보기	一 (한 일)

31. 百 (   )

32. 石 (   )

33. 男 (   )

34. 兄 (   )

35. 自 (   )

36. 手 (   )

37. 母 (   )

38. 五 (   )

※ 한자어의 독음(소리)을 〈보기〉와 같이 한글 로 쓰세요.

보기	一日 (일일)

39. 山川 (   )

40. 中心 (   )

41. 生水 (   )

42. 自足 (   )

43. 入門 (   )

44. 上下 (   )

※ [   ] 안의 한자어의 독음(소리)을 〈보기〉에 서 찾아 쓰세요.

보기	학년 정직 질문 계획 방법 준비

45. 정우는 선생님이 묻는 말에 [正直]하게 대답하였습니다.

(   )

46. 우리 학교는 한 [學年]에 여섯 학급씩 있습니다.

(   )

47. 이 옷의 세탁 [方法]은 라벨에 표시되어 있습니다.

(   )

48. 아무런 [計劃]도 없이 무작정 여행을 떠 났습니다.

(   )

49. 손님을 맞이할 [準備]를 모두 끝냈습니 다.

(   )

50. [質問]이 있으면 발표 후에 해주시기 바 랍니다.

(   )

♣ 수고하셨습니다.

50문항 / 60분 시험

한자교육진흥회 [7급] 모의고사 제2회 문제지

객관식 (1~30번)

※ [   ] 안의 한자의 음(소리)으로 알맞은 것을 찾아 번호를 쓰세요.

1. [八]
   ① 육 ② 입 ③ 인 ④ 팔 (   )

2. [目]
   ① 일 ② 목 ③ 월 ④ 출 (   )

3. [川]
   ① 천 ② 삼 ③ 산 ④ 화 (   )

4. [生]
   ① 왕 ② 립 ③ 생 ④ 선 (   )

5. [父]
   ① 교 ② 부 ③ 화 ④ 형 (   )

※ [   ] 안의 뜻에 맞는 한자를 찾아 번호를 쓰세요.

6. [가운데]
   ① 千 ② 中 ③ 十 ④ 下 (   )

7. [다섯]
   ① 土 ② 九 ③ 五 ④ 小 (   )

8. [마음]
   ① 手 ② 男 ③ 心 ④ 六 (   )

9. [들어가다]
   ① 門 ② 口 ③ 出 ④ 入 (   )

10. [스스로]
    ① 自 ② 生 ③ 子 ④ 七 (   )

※ [   ] 안의 한자어를 바르게 읽은 것을 찾아 번호를 쓰세요.

11. 어떤 운동이든 기본 [姿勢]를 익히는 것이 가장 중요합니다. (   )
    ① 태도 ② 자세 ③ 정리 ④ 준비

12. [模型] 비행기를 만들어 옥상에서 날려 보았습니다. (   )
    ① 실감 ② 심판 ③ 실험 ④ 모형

13. 컴퓨터 자판의 [配列]을 아직 못 외웠습니다. (   )
    ① 배열 ② 안전 ③ 문법 ④ 역할

14. 독도가 한국 땅인 것은 역사적으로 [分明]한 사실입니다. (   )
    ① 민속 ② 분명 ③ 시간 ④ 천연

15. 우리는 겨울 여행을 포기하고 봉사 [活動]을 가기로 했습니다. (   )
    ① 학습 ② 이동 ③ 체육 ④ 활동

16. 은수는 자전거를 타러 주말마다 한강 [邊]으로 나갑니다. (   )
    ① 원 ② 식 ③ 변 ④ 선

17. 이런 행운이 나에게 오리라고는 [想像]
도 못했습니다.   (   )

① 상상   ② 확인   ③ 장면   ④ 시계

※ [   ] 안의 뜻을 가진 한자를 〈보기〉에서 찾
아 번호를 쓰세요.

보기	① 金 ② 足 ③ 小 ④ 九 ⑤ 兄 ⑥ 石 ⑦ 子 ⑧ 人 ⑨ 日

18. 비가 오는 [날]에는 길이 질퍽거려서 불
편합니다.   (   )

19. [형]은 나보다 세 살 더 많습니다.

(   )

20. 새 신발이 맞지 않아서 [발] 뒤꿈치에
상처가 났습니다.   (   )

21. 군대 간 [아들] 생각에 어머니는 눈시울
을 적셨습니다.   (   )

22. 바다 저 멀리에서 [작은] 불빛이 반짝였
습니다.   (   )

23. 할머니는 불편한 다리 때문에 늘 [쇠]지
팡이를 짚고 다니셨습니다.   (   )

24. 소프트볼은 [아홉] 명이 한 팀을 이룹니
다.   (   )

25. 해변에는 해수욕을 즐기는 [사람]들이
많았습니다.   (   )

26. [돌]에 걸려 넘어진 끝내 아이는 울음을
터뜨렸습니다.   (   )

※ ◯에 들어갈 알맞은 한자를 〈보기〉에서 찾아
번호를 쓰세요.

보기	① 母 ② 父 ③ 出 ④ 八

27. 어머니와 나는 ◯女 사이입니다.

(   )

28. 우리는 동굴 속에서 밖으로 나가는 ◯口
를 찾고 있습니다.

(   )

※ [   ] 안의 한자어의 뜻을 찾아 번호를 쓰세요.

29. [三角形]   (   )

① 나누어 맡은 구실.
② 자신이 맡은 바의 일.
③ 세 개의 각이 있는 모양.
④ 머릿속으로 그려서 생각함.

30. [午後]   (   )

① 착한 마음.
② 귀중하고 요긴함.
③ 사람들 사이에 내려오는 풍속.
④ 정오부터 밤 열두 시까지의 시간.

계속 ->

주관식 (31~50번)

※ 한자의 훈(뜻)과 음(소리)을 〈보기〉와 같이 한
글로 쓰세요.

보기	一 (한 일)

31. 江 (   )

32. 天 (   )

33. 力 (   )

34. 百 (   )

35. 火 (   )

36. 門 (   )

37. 上 (   )

38. 七 (   )

※ 한자어의 독음(소리)을 〈보기〉와 같이 한글
로 쓰세요.

보기	一日 (일일)

39. 男女 (   )

40. 山川 (   )

41. 六百 (   )

42. 木工 (   )

43. 下水 (   )

44. 四月 (   )

※ [   ] 안의 한자어의 독음(소리)을 〈보기〉에
서 찾아 쓰세요.

보기	문법 시계 자연 정리 선심 역할

45. 놀부는 부자이지만 [善心]이라고는 베풀
줄 모르는 인물입니다.

(   )

46. 이곳은 건물과 주변의 [自然]환경이 조
화를 이루어 매우 아름답습니다.

(   )

47. 남현이는 참고서로 영어 [文法] 공부를
열심히 하고 있습니다.

(   )

48. 영수 할아버지께서는 아침마다 학교 앞에
서 교통 [整理]를 하십니다.

(   )

49. 불을 끄고 누우니 똑딱똑딱 [時計] 소리
만 들립니다.

(   )

50. 이 기둥들은 지붕을 떠받치는 [役割]을
합니다.

(   )

♣ 수고하셨습니다.

50문항 / 60분 시험

한자교육진흥회 [7급] 모의고사 제3회 문제지

객관식 (1~30번)

※ [ ] 안의 한자의 음(소리)으로 알맞은 것을 찾아 번호를 쓰세요.

1. [工]

   ① 강 ② 토 ③ 왕 ④ 공   (   )

2. [生]

   ① 상 ② 생 ③ 심 ④ 수   (   )

3. [自]

   ① 목 ② 자 ③ 일 ④ 월   (   )

4. [中]

   ① 중 ② 남 ③ 하 ④ 삼   (   )

5. [天]

   ① 대 ② 이 ③ 천 ④ 부   (   )

※ [ ] 안의 뜻에 맞는 한자를 찾아 번호를 쓰세요.

6. [나가다]

   ① 山 ② 出 ③ 入 ④ 十   (   )

7. [일곱]

   ① 七 ② 五 ③ 手 ④ 九   (   )

8. [희다]

   ① 月 ② 百 ③ 日 ④ 白   (   )

9. [마음]

   ① 父 ② 火 ③ 心 ④ 小   (   )

10. [아래]

    ① 水 ② 土 ③ 下 ④ 上   (   )

※ [ ] 안의 한자어를 바르게 읽은 것을 찾아 번호를 쓰세요.

11. 자동차 출발 전에 항상 [安全] 벨트를 매야 합니다. (   )

    ① 안전   ② 활동   ③ 천연   ④ 확인

12. 화면이 커서 영화가 정말 [實感]납니다. (   )

    ① 정리   ② 선심   ③ 실감   ④ 장면

13. [重要]한 단어에 밑줄을 그었습니다.

                                        (   )

    ① 배열   ② 준비   ③ 정직   ④ 중요

14. 화살이 과녁의 경계[線]에 꽂혔습니다.

                                        (   )

    ① 식   ② 선   ③ 원   ④ 변

15. 운동장에서 공 차는 소리가 [教室] 안까지 들려옵니다.   (   )

    ① 환경   ② 자연   ③ 분명   ④ 교실

16. 동생은 매주 한 번씩 [學習]지를 공부
합니다.　　　　　　　　(　　)

　　① 학습　② 학년　③ 계획　④ 문법

17. 가을 단풍을 보고 [詩] 한 수를 지어보
았습니다.　　　　　　　(　　)

　　① 변　② 선　③ 시　④ 원

※ [ ] 안의 뜻을 가진 한자를 〈보기〉에서 찾
아 번호를 쓰세요.

보기	①立 ②力 ③男 ④母 ⑤百 ⑥目 ⑦土 ⑧月 ⑨入

18. 이번 [달] 십오 일은 아버지 생신입니
다.　　　　　　　　　　(　　)

19. 며칠 밤을 새웠더니 몸에 [힘]이 없습니
다.　　　　　　　　　　(　　)

20. 여기 모인 사람은 모두 합쳐서 [백] 명
정도 됩니다.　　　　　(　　)

21. [어머니]는 항상 용돈을 부족하게 주십
니다.　　　　　　　　　(　　)

22. 사람들이 버스 정류장에 줄지어 [서] 있
습니다.　　　　　　　　(　　)

23. 할머니는 [눈]이 나빠 돋보기를 쓰고 바
느질을 하십니다.　　　(　　)

24. 그의 신발에는 [흙]이 잔뜩 묻어 있습니
다.　　　　　　　　　　(　　)

25. [사내]아이들은 옷을 벗어 던지고 냇물
로 뛰어들었습니다.　　(　　)

26. 비눗물이 눈에 [들어가] 눈이 쓰라립니
다.　　　　　　　　　　(　　)

※ ○에 들어갈 알맞은 한자를 〈보기〉에서 찾아
번호를 쓰세요.

보기	①女 ②生 ③人 ④八

27. ○心 좋은 아주머니는 반찬을 듬뿍 담아
주셨습니다.

　　　　　　　　　　　　(　　)

28. 요즘은 부모와 子○ 만으로 구성된 소가
족이 훨씬 더 많습니다.

　　　　　　　　　　　　(　　)

※ [ ] 안의 한자어의 뜻을 찾아 번호를 쓰세요.

29. [體驗]　　　　　　　(　　)

　　① 미리 마련하여 갖춤.
　　② 꾸밈없이 바르고 곧음.
　　③ 어떤 일을 실제로 겪음.
　　④ 신체를 단련하기 위한 운동.

30. [邊]　　　　　　　　(　　)

　　① 간격에 따라 벌여 놓음.
　　② 물체나 장소의 가장자리.
　　③ 몸을 움직이거나 가누는 모양.
　　④ 둥글게 그려진 모양이나 형태.

계속 ->

주관식 (31~50번)

※ 한자의 훈(뜻)과 음(소리)을 〈보기〉와 같이 한
글로 쓰세요.

보기	一 (한 일)

31. 金 (   )

32. 川 (   )

33. 九 (   )

34. 石 (   )

35. 水 (   )

36. 日 (   )

37. 兄 (   )

38. 千 (   )

※ 한자어의 독음(소리)을 〈보기〉와 같이 한글
로 쓰세요.

보기	一日 (일일)

39. 江山 (   )

40. 父子 (   )

41. 五十 (   )

42. 木手 (   )

43. 火口 (   )

44. 小門 (   )

※ [   ] 안의 한자어의 독음(소리)을 〈보기〉에
서 찾아 쓰세요.

보기	민속 장면 신호
	모형 상상 활동

45. 이 영화에서 마지막 이별 [場面]이 가장
기억에 남습니다.

(   )

46. 호영이는 휘파람으로 [信號]를 해서 친
구를 불렀습니다.

(   )

47. 야외 [活動]을 하기에는 아직 바람이 차
갑습니다.

(   )

48. 우리는 화산 [模型]의 단면을 신기하게
바라보았습니다.

(   )

49. 광장 한쪽에서는 [民俗]춤 공연이 한창
펼쳐지고 있습니다.

(   )

50. 그는 [想像]력을 발휘하여 자연의 아름
다움을 시로 나타냈습니다.

(   )

♣ 수고하셨습니다.

한국어문회 7급 모의고사 제1회 답안지 (1)

번호	정답 (답안란)	1검	2검	번호	정답 (답안란)	1검	2검	번호	정답 (답안란)	1검	2검
1				12				23			
2				13				24			
3				14				25			
4				15				26			
5				16				27			
6				17				28			
7				18				29			
8				19				30			
9				20				31			
10				21				32			
11				22				33			

※ 본 답안지는 컴퓨터로 처리되므로 구겨지거나 더럽혀지지 않도록 조심하시고 글씨를 칸 안에 또박또박 쓰십시오.

한국어문회 7급 모의고사 제1회 답안지 (2)

번호	정답	1검	2검	번호	정답	1검	2검	번호	정답	1검	2검
34				47				60			
35				48				61			
36				49				62			
37				50				63			
38				51				64			
39				52				65			
40				53				66			
41				54				67			
42				55				68			
43				56				69			
44				57				70			
45				58							
46				59							

※답안지는 컴퓨터로 처리되므로 구기거나 더럽히지 마시고, 정답 칸 안에만 쓰십시오.　　　※ 유성 싸인펜, 붉은색 필기구 사용 불가.
　 글씨가 채점란으로 들어오면 오답처리가 됩니다.

한국어문회 7급 모의고사 제2회 답안지 (1)

번호	정답	1검	2검	번호	정답	1검	2검	번호	정답	1검	2검
	답안란	채점란			답안란	채점란			답안란	채점란	
1				12				23			
2				13				24			
3				14				25			
4				15				26			
5				16				27			
6				17				28			
7				18				29			
8				19				30			
9				20				31			
10				21				32			
11				22				33			

※ 본 답안지는 컴퓨터로 처리되므로 구겨지거나 더럽혀지지 않도록 조심하시고 글씨를 칸 안에 또박또박 쓰십시오.

한국어문회 7급 모의고사 제2회 답안지 (2)

번호	정답	1검	2검	번호	정답	1검	2검	번호	정답	1검	2검
34				47				60			
35				48				61			
36				49				62			
37				50				63			
38				51				64			
39				52				65			
40				53				66			
41				54				67			
42				55				68			
43				56				69			
44				57				70			
45				58							
46				59							

한국어문회 7급 모의고사 제3회 답안지 (1)

번호	정답	1검	2검	번호	정답	1검	2검	번호	정답	1검	2검
	답안란	채점란			답안란	채점란			답안란	채점란	
1				12				23			
2				13				24			
3				14				25			
4				15				26			
5				16				27			
6				17				28			
7				18				29			
8				19				30			
9				20				31			
10				21				32			
11				22				33			

※ 본 답안지는 컴퓨터로 처리되므로 구겨지거나 더럽혀지지 않도록 조심하고 글씨를 칸 안에 또박또박 쓰십시오.

한국어문회 7급 모의고사 제3회 답안지 (2)

번호	정답	1검	2검	번호	정답	1검	2검	번호	정답	1검	2검
34				47				60			
35				48				61			
36				49				62			
37				50				63			
38				51				64			
39				52				65			
40				53				66			
41				54				67			
42				55				68			
43				56				69			
44				57				70			
45				58							
46				59							

한자교육진흥회 [7급] 모의고사 제1회 답안지

■ 객관식 ■

1		6		11		16		21		26	
2		7		12		17		22		27	
3		8		13		18		23		28	
4		9		14		19		24		29	
5		10		15		20		25		30	

■ 주관식 ■

31		41	
32		42	
33		43	
34		44	
35		45	
36		46	
37		47	
38		48	
39		49	
40		50	

한자교육진흥회 [7급] 모의고사 제2회 답안지

◼ 객관식 ◼

1		6		11		16		21		26	
2		7		12		17		22		27	
3		8		13		18		23		28	
4		9		14		19		24		29	
5		10		15		20		25		30	

◼ 주관식 ◼

31		41	
32		42	
33		43	
34		44	
35		45	
36		46	
37		47	
38		48	
39		49	
40		50	

한자교육진흥회 [7급] 모의고사 제3회 답안지

■ 객관식 ■

1		6		11		16		21		26	
2		7		12		17		22		27	
3		8		13		18		23		28	
4		9		14		19		24		29	
5		10		15		20		25		30	

■ 주관식 ■

31		41	
32		42	
33		43	
34		44	
35		45	
36		46	
37		47	
38		48	
39		49	
40		50	

手 足 口 心

食 氣 活 命

力 便 空 時

間 春 秋 夏

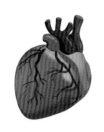

마음 심

입 구

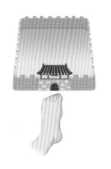

발 족

손 수

목숨 명

살 활

기운 기

밥 식

때 시

빌 공

편할 편 /
똥오줌 변

힘 력

여름 하

가을 추

봄 춘

사이 간

2단계 冬	2단계 前	2단계 後	2단계 午
2단계 夕	2단계 每	3단계 天	3단계 地
3단계 自	3단계 然	3단계 林	3단계 草
3단계 植	3단계 花	3단계 江	3단계 海

낮 오

뒤 후

앞 전

겨울 동

땅 지

하늘 천

매양 매

저녁 석

풀 초

수풀 림

그럴 연

스스로 자

바다 해

강 강

꽃 화

심을 식

3단계
川

4단계
姓

4단계
名

4단계
老

4단계
少

4단계
家

4단계
育

4단계
男

4단계
夫

4단계
祖

4단계
孝

4단계
不

5단계
百

5단계
千

5단계
算

5단계
數

늙을 로

이름 명

성 성

내 천

사내 남

기를 육

집 가

적을 소

아닐 불 / 부

효도 효

할아비 조

지아비 부

셈 수

셈 산

일천 천

일백 백

5단계

問

5단계

答

5단계

語

5단계

文

5단계

漢

5단계

字

5단계

工

6단계

世

6단계

道

6단계

市

6단계

洞

6단계

邑

6단계

里

6단계

農

6단계

村

6단계

住

글월 문

말씀 어

대답할 답

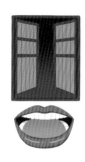

물을 문

인간 세

장인 공

글자 자

한나라 한

고을 읍

골 동

저자 시

길 도

살 주

마을 촌

농사 농

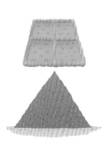

마을 리

6단계

所

6단계

主

7단계

安

7단계

全

7단계

正

7단계

直

7단계

電

7단계

話

7단계

動

7단계

車

7단계

記

7단계

紙

8단계

左

8단계

右

8단계

出

8단계

入

온전 전

편안 안

주인 주

바 소

말씀 화

번개 전

곧을 직

바를 정

종이 지

기록할 기

수레 차 / 거

움직일 동

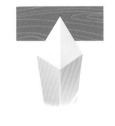

들 입

날 출

오른 우

왼 좌

8단계 8단계 8단계 8단계

平 面 登 場

8단계 8단계 8단계 9단계

來 方 內 事

9단계 9단계 9단계 9단계

物 有 色 同

9단계 9단계 9단계 9단계

重 休 歌 旗

마당 장

오를 등

낮 면

평평할 평

일 사

안 내

모 방

올 래

한가지 동

빛 색

있을 유

물건 물

기 기

노래 가

쉴 휴

무거울 중

立

설 립